JULIO SUMIU

OBJETIVA

BETO SILVA

JULIO SUMIU

OBJETIVA

1

Sempre que tinha maus pressentimentos, Edna batia três vezes na madeira. Aprendeu quando criança que era bom para espantar o azar. E naquela noite, Edna tinha muitos motivos para bater na madeira. Desde que deitou, vinha tendo muitos pensamentos ruins, e todos com o seu filho Julio estrelando no papel principal. Edna passou a noite insone, rezando e batendo três vezes na madeira a cada minuto. Parecia o Carlinhos Brown fazendo um solo.

O céu ainda estava escuro lá fora quando, sentada na beira da cama, Edna resolveu, enfim, parar de tentar sucesso na carreira de percussionista e criou coragem para acordar o marido. Cutucou-o, mas tão devagar que parecia ter medo de despertá-lo. Eustáquio dormia como uma pedra, nem se mexia. Com a luz do sol já começando a entrar pela janela, Edna tentou mais uma vez.

– Eustáquio, acorda! Acorda, homem! – As lágrimas que choviam dos olhos de Edna no rosto do marido ajudaram a despertá-lo. Mesmo acostumado a acordar cedo, Eustáquio estranhou. Conferiu a hora no relógio na cabeceira da cama.

– Seis horas, Edna! Tá cedo ainda!

– O Julinho, nosso filho. Ele sumiu! Não dormiu em casa! Desde ontem ele não dá notícias.

– Ele deve ter saído com os amigos, deve estar chegando.

– Mas ele nunca chegou a essa hora em casa. Eu estou preocupada, não consegui dormir nem um minuto. Tô com um mau pressentimento, Eustáquio!

– Calma, Edna, dorme mais um pouco. Ele deve estar chegando. – Eustáquio virou-se para o outro lado e tratou de aproveitar a última hora de sono. Acordaria às sete horas da manhã em ponto, como fazia todos os dias de acordo com a sua rígida disciplina de militar.

Edna continuou sentada na cama choramingando a falta do filho.

– Não deu notícias, não ligou, ele nunca fica até tão tarde na rua...

Eustáquio desistiu de dormir e tentou acalmar a esposa:

– Calma, Edna, más notícias chegam logo. Ele deve estar se divertindo por aí...

– E por que não ligou? Por que não deu notícias?

– Edna, o Julinho deve estar bem, é um menino responsável.

– Pois é justamente por ser um menino responsável que eu estou nervosa desse jeito. Meninos responsáveis ligam pra casa pra avisar quando vão chegar tarde.

– Edna, ele pode ter dormido fora! Também não é o fim do mundo! Ele já tem 19 anos, não é mais uma criança! – Eustáquio, reformado do Exército por invalidez, tentava demonstrar o domínio da situação que um major deve ter nessas horas.

– Ah, Eustáquio, é uma coisa aqui dentro que me diz que aconteceu algo ruim com ele. Eu sou mãe, e tem coisas que só mãe percebe.

– E eu sou pai! – Eustáquio defendeu a sua classe. – Pais também sabem algumas coisas sobre os filhos, sabia?

– Mães sabem mais! Mães sabem mais! Mães sentem!

– Sentir, saber, qual é a diferença?

– Faz muita diferença. Eu tô sentindo uma coisa ruim aqui dentro...

– Não vai me dizer que é o tal do sexto sentido, Edna?

Eustáquio acertou na mosca. Edna não acreditava apenas que mulheres têm um sexto sentido, mas ia ainda mais longe. Acreditava que, quando as mulheres são mães, possuem mais um sentido, o sétimo, que é dedicado exclusivamente aos seus filhos. E foi esse aguçado sentido extra, que Edna acreditava ter, que começou a trabalhar desde o dia anterior. Assim que Julio saiu de casa pela manhã, Edna sentiu algo diferente por dentro. Não falou nada para ninguém, mas sabia que era o seu sétimo sentido avisando que o filho podia estar correndo perigo. E quando Julio não deu notícias até a noite e, pior, quando ele não dormiu em casa, o alarme interno do sétimo sentido disparou de vez, fazendo um barulho danado na cabeça de Edna e abrindo a torneirinha que fazia as lágrimas jorrarem. Desde então, ela só fazia chorar.

Eustáquio tentava minimizar a situação:

– Fica tranquila, Edna. Dorme um pouquinho pra compensar a noite acordada. Ele vai dar notícia. Ele vai telefonar daqui a pouco. Quem sabe ele deu uma fugidinha com uma menina pra um motel, hein! – Eustáquio associou um sorriso maroto à palavra motel, mas foi obrigado a apagar o sorriso, ao se defrontar com a expressão gelada de Edna.

– Motel? Nosso filho sumido desde ontem e você pensando em besteira! Mesmo que ele fosse a um motel com uma vagabunda qualquer, como você no seu papel de macho gostaria, mesmo assim ele ligaria avisando que passaria a noite fora.

– Calma, Edna! – Eustáquio já estava perdendo a paciência. – Olha, eu não vou ficar aqui pensando no pior, como você! Eu vou me comportar normalmente, vou dormir até as sete horas. Daqui a pouco o Julinho chega. Se eu fosse você, dormia também.

Edna não dormiu, é claro. Permaneceu sentada na cama, o choro agora se revezava com as orações, pedindo pela volta do filho. Eustáquio tentou dormir, mas não conseguiu. Ficou rolando na cama até as sete horas, quando se levantou, foi até o armário e, calmamente, escolheu uma roupa para vestir. Procurava demonstrar segurança.

– Eu vou sair, como faço todo sábado de manhã. Aposto que, quando eu voltar, o Julio é que vai abrir a porta pra mim! – Eustáquio aproximou-se de Edna. – Para de chorar um pouco! Você está fazendo tempestade num copo d'água!

Eustáquio vestiu-se e saiu. Deixou Edna chorando, sentada na cama.

E foi na mesma posição que Eustáquio a encontrou quando voltou para casa no final da manhã.

– Nada? – O pai parecia surpreso com a insistente ausência de Julio.

Edna se limitou a responder com um balançar de cabeça.

– Nem uma notícia?

– Não, mas fica tranquilo. Eu estou só fazendo tempestade num copo d'água.

– Bom, eu estou tranquilo, quer dizer, é... talvez a gente tenha que se preocupar um pouco mesmo... você já ligou pra alguém?

– Pra onde? Pro motel?

– Edna, para com isso! Eu perguntei se você ligou pra algum amigo dele... você sabe aonde ele costuma ir com os amigos?

– Eu não sei! – Edna levantou-se e saiu do quarto em direção à cozinha. – Eu vou fazer o almoço.

Eustáquio foi para a sala, remoendo seus pensamentos. Talvez ele tenha mesmo ido a um motel, ou dormido na casa de um amigo que não tem telefone, ou o telefone do local onde ele foi estava quebrado ou... Onde estaria Julio?

Na sala Eustáquio encontrou Sílvio, o filho caçula.

– O rango tá atrasado? – Sílvio perguntou.

– Um pouco. É que sua mãe tá preocupada porque seu irmão não dormiu em casa e não deu notícias. Você sabe alguma coisa dele?

– Tô por fora! Então o almoço vai demorar?

– Acho que sim.

– Tá. – Sílvio deu meia-volta e entrou de novo em seu quarto, onde se trancou, como sempre fazia.

Edna preparou o almoço, temperado com as lágrimas que caíam nas panelas. Botou a mesa, quatro pratos. A cadeira de Julio na mesa da sala aguardava sua chegada para o almoço. Seu bife e suas batatas fritas também.

– Pô, esse almoço tá caidaço, hein, mãe! Posso comer o bife do Julio? – Sílvio perguntou.

– Não! – respondeu Edna.

– Mas o cara não vem almoçar! – Sílvio ainda tentou argumentar, mas só conseguiu acender o estopim para uma explosão de lágrimas de Edna.

– Vem sim! Ele vem almoçar, sim! – Edna correu para o quarto. Eustáquio foi atrás.

Sílvio não podia comer o bife de Julio, mas ninguém falou nada sobre o bife de sua mãe, e ela não estava com cara de quem voltaria para almoçar. Sílvio comeu o bife de Edna.

*****

A tarde chegou, mas não trouxe Julio com ela. Às duas em ponto, Jussara, a irmã mais velha de Edna, ligou como fazia todo sábado para saber das últimas. E soube. Ouviu estarrecida o relato de Edna sobre o sumiço do filho. Tentou acalmá-la, tarefa que naquele momento era quase impossível.

– Ai meu Deus, Eustáquio, a Jussara acabou de ligar. Ficou superpreocupada.

– Você contou para ela.

– Claro! Ela é minha irmã!

– O que ela disse?

– Ela disse pra eu me acalmar, que não deve ter acontecido nada, que notícia ruim chega logo. Ela tá vindo pra cá.

Jussara demorou um pouco a chegar. Não era ligada em futebol, mas tratou de espalhar a notícia para a torcida do Flamengo. Parentes e amigos ficaram preocupados. A partir das três horas começou a chegar gente ao apartamento de Ipanema. Jussara veio acompanhada de Jurema, uma amiga inseparável.

– Você tinha razão, Edna, má notícia chega logo. Ela acabou de chegar! – Eustáquio não conseguiu evitar o comentário ácido.

– Eu sei que você não gosta da Jurema, mas ela veio para ajudar – Edna sussurrou, defendendo a amiga da irmã.

– Não sei o que ela está fazendo aqui. Acho isso tudo um exagero! – Eustáquio não queria dar o braço a torcer. Alimentava a esperança de que Julio entraria pela porta a qualquer momento. Mas naquela tarde ele viu várias pessoas entrarem pela porta, nenhuma era sequer parecida com Julio. Chegou o filho de Jussara, Mariano, com a esposa. Apareceram uma prima de Edna, uma vizinha e sua enteada, o major Flores, amigo de Eustáquio, todos devidamente avisados por Jussara. A solidariedade nem batia mais na porta do apartamento, entrava sem pedir licença. Às quatro da tarde chegou o irmão de Eustáquio, coronel Otávio, com o seu ar grave.

Eustáquio respeitava demais o irmão, era como o seu representante na ativa do Exército. A presença de Otávio naquela sala mudou drasticamente a atitude de Eustáquio. Se o irmão estava ali era porque a situação merecia respeito. Começou a ficar preocupado de verdade.

Às cinco da tarde umas dez pessoas se amontoavam pela sala, todos tentando descobrir o que havia acontecido com Julio. Aproveitavam para comer uns salgadinhos que a prima logo se prontificou a fazer e beber o refrigerante que o major Flores desceu para comprar. Cerveja não, que a situação não era para cerveja.

Uma hora depois e nada havia mudado. Nenhuma pista, nenhum bilhete, nenhum telefonema, nenhuma mensagem cifrada. Todos concordavam que era preciso fazer algo e o nervosismo geral propiciava os mais variados planos de ação. Começou-se a praticar no apartamento um dos esportes mais populares do país: o lançamento de palpites.

– Tem que ligar pra polícia!

– É, eu conheço um delegado que pode resolver isso.

– Que polícia nada! Vê se polícia resolve alguma coisa neste país!

– É, ele deve ter sofrido um acidente. Tem que ligar pros hospitais.

– Mas ligar pra todos os hospitais?

– Liga pro Miguel Couto, é o principal hospital público da Zona Sul. Quando acontece um acidente grave eles mandam pra lá.

– Acidente grave nada! Ele deve ter sido baleado num assalto! Deve estar ferido por aí!

– Se foi assalto e ele foi baleado, ele pode estar muito ferido!

Edna chorava cada vez mais, apavorada com as possibilidades apresentadas para o paradeiro de seu filho. A irmã tentava acalmá-la.

– Calma, Edna. Não se preocupe que nada de mau deve ter acontecido ao Julio. Notícia ruim chega logo.

– É, calma, notícia ruim chega logo. – A frase ecoava pela sala, perdendo o seu significado a cada repetição.

– Calma, gente! – o major Eustáquio tentou dominar a situação. – Vamos tentar ligar pra alguns lugares. Mas não podemos usar o nosso telefone, o Julinho pode tentar se comunicar com a gente a qualquer momento. Quem tem celular?

Três celulares foram apresentados para ligar para alguns hospitais e tentar descobrir algo sobre Julio. A mãe descobriu o telefone de alguns amigos de Julio. Dezenas de telefonemas foram disparados e nada. Nem vivo, nem morto, nem gravemente ferido, nem com leves escoriações. Nada. Nenhuma notícia.

– Não passou por nenhum hospital conhecido da Zona Sul.

– Eu liguei pro meu amigo delegado, ele não tá sabendo de nada...

– Só consegui falar com dois amigos de Julio. Eles não viram o Julio esta semana.

– Alguém ligou pro IML?

Todos na sala olharam para Mariano, o autor da pergunta.

– Qual é o problema de ligar pro IML, gente?

A resposta veio em forma de uma balbúrdia geral. Uns mandando o rapaz calar a boca, que falar aquilo dava azar, que Julio não estava morto! Outros argumentando que Mariano estava certo, que era preciso ligar, sim, para o IML e saber se ele estava morto, que se não estivesse lá seria uma boa notícia e se estivesse...

– Bom, se ele estiver lá, pelo menos a má notícia chega logo. – Alguém ainda insistia nesse assunto.

O temível telefonema para o Instituto Médico-legal foi feito. A notícia chegou logo, mas era boa. Ninguém parecido com Julio deu entrada no IML.

No final da tarde o sumiço de Julio já era um fato conhecido por toda a vizinhança, a informação já havia se espalhado, se esparramando confortavelmente para fora do apartamento dos Silveira. E já fervilhavam boatos sobre a vida pregressa de Julio, e de sua mãe, e de seu pai, e da família toda. Os vizinhos de uma hora pra outra conheciam tudo sobre Julio, sua vida, seus gostos, manias e sumiços. Todos estavam ligados no apartamento da rua Nascimento Silva, onde a família de um rapaz estava desesperada porque ele havia sumido.

– Que sumido? Ninguém desaparece simplesmente, cara! Ele foi preso!

– Que preso! Devem ter assassinado o rapaz a sangue-frio, depois de torturarem com requintes de crueldade.

– Não! Ele não deve ter morrido ainda. Quem sabe ele conseguiu sair fugido.

– Fugido não, foragido. O rapaz deve ser um foragido da justiça.

– Vai ver tá envolvido com tóxicos e o pessoal da favela matou ele.

– Gente, vocês não percebem que ele foi sequestrado!

– Sequestrado, não! Aposto que ele foi abduzido por seres espaciais que devem estar obrigando o rapaz a fazer sexo com criaturas extraterrestres.

*****

Às oito e meia da noite o telefone tocou na residência dos Silveira. O primeiro toque ainda terminou junto com outros ruídos feitos na sala, mas o segundo toque veio límpido, cristalino, solitário em meio ao silêncio que tomou conta da sala. As amigas Jussara e Jurema pararam de servir cafezinho, quase deixaram as bandejas caírem. Mariano parou de fazer as suas palavras cruzadas. O major Flores parou de discutir política com o coronel Otávio, que largou a cerveja que afinal havia sido liberada. Como o telefone podia estar tocando se todos os conhecidos da família tinham sido instruídos para não ligarem para aquele número? Seria Julio? O suspense adentrou o gramado. Quem seria? Quem devia atender? O pai? A mãe? Um desconhecido?

Mariano tomou a frente e tirou o fone do gancho, mas foi barrado pelo coronel Otávio Silveira, que se considerava o patriarca da família.

– Alô, residência dos Silveira.

– Tô sabendo, malandro. Tu deve ser o pai do moleque.

Otávio tentou esconder da família o nervosismo. Pensou em corrigir seu interlocutor, explicando que era o tio, e não o pai. Pensou em reclamar, dizer que não era malandro, que era oficial do Exército. Mas, após alguns décimos de segundo de reflexão, resolveu passar o fone pra quem de direito: o pai de Julio.

– É pra você.

O pai de Julio respirou fundo, tomou posição de sentido, fechou o rosto e numa postura grave, como se fosse manter conversações de paz com o general inimigo, tomou o aparelho das mãos de seu irmão, agora apenas um subalterno.

– Sim, major Silveira falando.

– Qualé, meu irmão? A gente quer a polícia fora do caso – a voz disse e depois desligou o telefone.

O pai ficou paralisado. Por um instante a sua compreensão do mundo desapareceu. Como alguém podia achar que ele era da polícia? Como podiam desligar um telefone na cara de um major do Exército brasileiro, mesmo da reserva? A que ponto havia chegado o desrespeito à farda neste país! Ainda com o fone na mão, o major devia uma explicação à audiência, que aguardava ansiosamente notícias do *front*.

– A voz parecia de bandido... talvez sequestradores, não sei... Mas desligaram... Na minha cara... Acharam que eu era da polícia. – O major vomitava as frases em golfadas.

A gritaria na sala recomeçou. Todos falavam ao mesmo tempo, ninguém se entendia. E agora, o que fazer? Se os caras eram sequestradores e achavam que a polícia estava no caso, Julio estava perdido, os bandidos matariam Julio, estrangulariam, deceparíam, esquartejariam e mandariam os pedaços pra família, ai meu Deus, e o torturariam barbaramente, antes de o enforcarem ou afogarem, ai meu Deus!

– Calma! Calma! – O grito ecoou pelo caos reinante. Era dona Edna, que até aquele momento não conseguira falar, impedida pelas lágrimas. Naquele instante de desespero generalizado, ela foi a única a manter a tranquilidade, a continuar senhora de si.

– Calma, gente! Nada de desespero! Vamos aguardar mais um tempo. Eles devem ligar novamente.

Todos na sala trataram de se acalmar um pouco. Afinal, se a mãe da vítima mostrava tanta presença de espírito, tanta lucidez, por que os demais deveriam ficar nervosos? O silêncio voltou a tomar conta do ambiente. Todos olhavam para o telefone, esperando que sua campainha soasse, pelo amor de Deus!

Deus era evocado a cada minuto, mas parecia não querer se envolver com aquele caso. Os minutos passavam e nada acontecia. A angústia aumentava e ninguém tinha coragem de ser o primeiro a se desesperar. Até que a própria dona Edna deu a senha para o retorno à loucura e ao destempero geral.

– Ai, meu Deus, o meu Julinho! O que aconteceu com o meu Julinho?

Dona Edna irrompeu em prantos, dando lugar outra vez à bagunça generalizada, uns tentando acalmá-la e outros tentando intranquilizá-la ainda mais, gritando coisas como "Eu sabia! Sequestro quase sempre acaba em morte!"

A sala calou-se novamente com a campainha do telefone, que tocou como se fosse uma sirene de carro de polícia, de bombeiro ou ambulância, transportando más notícias.

O major Silveira, impávido, tomou a frente e atendeu o telefone.

– Sim...

– Aí, coroa, tamo sabendo que tu é o pai do garoto e que tu é do Exército. Tudo bem. A gente só não quer que você ponha a polícia no meio, tá legal?

– Vocês estão com meu filho?

As pessoas ao redor ouviram esta pergunta como a confirmação de que era mesmo um sequestro. Um burburinho cresceu pelo ambiente, fazendo com que o major pedisse silêncio.

– Nós tamo com o pivete aqui, sim.

– Ele tá bem?

– Claro, meu irmão.

A sala parecia ter diminuído, todos se debruçavam sobre a mesinha do telefone deixando ao major um espaço ínfimo, onde não cabia nem o seu raciocínio. Duas pessoas tiveram ideias brilhantes nesse momento. Primeiro, Edna, que pediu para as pessoas se afastarem do telefone. A segunda boa ideia veio de Sílvio, o irmão mais novo de Julio.

– Pede para eles identificarem o Julinho.

O major não titubeou, sacou a pergunta como um revólver.

– Vocês podem dizer como ele é, como ele está vestido?

– Dizer como ele é? – A voz do outro lado vacilou. – Pra que tu quer saber, ô coroa, tu não sabe como é o teu filho, porra?

– Eu quero saber se vocês sabem como ele é.

– Pô, mas que absurdo! O próprio pai não sabe nem como é o seu próprio filho!

– Você não sabe como é o Julio? – O major mantinha-se impávido, não movia um único músculo.

– Claro que sei, quer dizer, não tá dando pra ver direito. É que... ele... tá encapuzado. É, é isso, não dá pra ver direito porque ele tá com um capuz na cabeça.

– Tira o capuz, ué!

– Não, nós não podemos tirar o capuz dele por questão de segurança.

De segurança o major Silveira entendia. Ele tapou o fone com a mão para comunicar suas dificuldades para a retaguarda.

– O Julinho tá de capuz e o sequestrador disse que não pode tirar por questões de segurança. Estranho isso.

Sílvio teve, então, a sua segunda grande ideia da noite, o que espantou o pai, a mãe e a família toda, que nunca souberam que aquele menino era capaz de ter ideias. Ainda mais uma boa ideia. E já eram duas as boas ideias.

– Pergunta em que braço ele tem uma marca de nascença.

– Mas, filho, ele não tem nenhuma marca de nascença – sussurrou a mãe. Sílvio se limitou a olhar pra mãe com cara de esperto e obrigou todos na sala a pensarem um pouco até descobrirem que era um truque. Todos fizeram cara de espertos. Como o garoto, tinham ficado astutos de uma hora pra outra. Inclusive o pai que, assim que entendeu a jogada, partiu como um aguerrido infante para a frente de batalha.

– Em que braço ele tem uma marca de nascença?

– Em qual braço? Ih, cara. Peraí. – A voz parecia conversar com outra voz. – Olha, meu irmão, é o seguinte, não dá pra ver, porque o garoto tá de manga comprida.

– Tira a camisa dele.

– Tirar a camisa? Mas tá frio aqui...

– Meu amigo, isso é uma brincadeira ou o quê?

Não era uma brincadeira. Alguém, com escassas informações sobre o sumiço de Julio, tentava aplicar um golpe na família, passando-se por sequestrador. O major, bufando, desligou o telefone quase quebrando o aparelho, enfurecido por ter permitido que a conversa fosse tão longe.

– Como é que alguém pode ser tão filho da puta! – gritou revoltado o major Flores.

– O quê o senhor disse? – perguntou Jussara, indignada.

– Como é que tem gente tão filha da puta! – o militar repetiu com mais ênfase.

– Isso não é hora de palavrão. O senhor tenha respeito com uma mãe sofrida! – A revolta era geral, os motivos é que variavam.

– É claro que é hora de palavrão! O sujeito que se aproveita do desaparecimento de um menino como o Julio pra tentar dar um golpe é um grandessíssimo filho da puta!

– Mas tem que usar palavrão? Não pode ser só safado ou desgraçado? Tem que ser isso aí que você disse?

– Isso o quê? Filho da puta?

– Você falou de novo de propósito! Precisa falar palavrão?

– É claro que sim! Em qualquer hora não precisa, mas nessas horas tem que xingar mesmo! Tem que extravasar, porra! É filho da puta sim!

– Dá um soco na parede, mas não fala palavrão! – Jussara gritou.

– Falo o que eu quiser! – O major berrou ainda mais alto.

– Desde que não seja palavrão! – Jussara respondeu no mesmo tom.

A discussão sobre a validade da utilização do palavrão em momentos de crise continuou por uns cinco minutos, até acabar sem uma conclusão, permitindo que o silêncio retornasse à sala, junto com a falta de notícias e de ideias sobre o que fazer para encontrar Julio.

2

A partir das dez da noite, amigos e parentes começaram a se dispersar levados pelo sono, por compromissos ou desculpas mais esfarrapadas.

– Qualquer coisa liga, hein!

– Se precisar de uma ajuda é só chamar, hein!

– Conta comigo!

A solidariedade aparentava também estar com sono ou ter que acordar cedo. O último a permanecer no apartamento foi o coronel Otávio. Às onze da noite, ele resolveu que seu posto era muito alto para ficar de vigia a noite toda, como um recruta numa guarita. Oficiais superiores, como ele, merecem dormir. Antes de ir embora, chamou o irmão e a cunhada para uma conversa. Cheio de dedos, disse:

– Eustáquio, temos que encarar a verdade, doa a quem doer. O menino sumiu, não se tem notícia dele, vários hospitais foram contatados e ele não está em nenhum deles. Nem no IML ele está, graças a Deus! Então só nos resta uma alternativa.

– Qual? – Edna perguntou ansiosa.

– Na minha opinião, ele foi sequestrado.

– Sequestrado? – Eustáquio estranhou.

– Justamente. É duro admitir, mas me parece a alternativa mais razoável.

– Mas, Otávio, o telefonema que nós recebemos era falso – ponderou Eustáquio. – Um trote de um sujeito querendo dar um golpe na gente...

– Sim, e daí? Não sei se você sabe, mas é comum em casos de sequestros acontecerem telefonemas falsos. Funciona quase como uma pista do sequestro. Alguém que sabe do sequestro tenta tirar vantagem antes dos reais sequestradores. Se preparem porque novos telefonemas falsos podem vir. E o verdadeiro certamente também virá.

– Você acha? – Edna estava impressionada.

– Os sequestradores devem estar esperando o momento certo.

– Mas, Otávio, por que eles sequestrariam o Julinho, nós não somos ricos...

– Hoje em dia não se sequestra só milionários. Infelizmente estão sequestrando todo tipo de gente. Eles sabem que a família toda vai se unir para conseguir a quantia que eles pedirem.

– Ai, minha nossa senhora! – Edna era puro desespero.

– Bom, Otávio, se você tem tanta certeza... – Eustáquio precisava ouvir alguma opinião, qualquer que fosse, sobre o paradeiro do filho. – E o que nós vamos fazer? Esperar o telefonema dos sequestradores?

– É, por enquanto temos que aguardar. Eles devem entrar em contato.

– E se eles não ligarem?

– Aí nós temos que agir.

– Agir? Como? Dar parte à polícia?

– É, é sempre bom falar com a polícia, mas às vezes ela é morosa, nem sempre se esforça a contento para resolver os problemas. Infelizmente essa é a realidade. Talvez tenhamos que agir por conta própria.

– Por conta própria? Mas como? A gente nem sabe quem são os sequestradores...

– Ora, Eustáquio, quem é que sequestra?

– Ah, sei lá, os sequestradores, ora.

– Sim, mas quem são os sequestradores?

– Sim, quem são os sequestradores?

– Eustáquio, Eustáquio, Eustáquio! O que você faz dessa sua vida? Você não lê jornal?

– É só o que eu faço, ler jornal e jogar dama na praia. – Eustáquio repetia esta frase todo dia, toda hora, todo minuto, menos quando estava entretido lendo jornal ou jogando damas na praia.

– Pois todo dia sai notícia de sequestro nesta cidade e todo dia tá lá estampado, pra quem quiser ler, quem são os sequestradores.

– Otávio, quem afinal são os sequestradores? – Eustáquio já estava perdendo a paciência. – Quem são, afinal, Otávio?

– São... os... traficantes! Os traficantes, Eustáquio. Essa é a única pista que temos. A única e preciosa pista. Os traficantes. É por aí que vai começar a nossa investigação. Até amanhã. Procurem dormir. – O coronel virou-se em direção à porta e retirou-se, num passo marcial.

Eustáquio ficou olhando o irmão atravessar a porta do apartamento, acompanhou-o com o olhar até que entrasse no elevador. Ficou tentando entender o que poderia haver por trás daquela revelação, que mensagem poderia estar criptografada no que lhe dissera o irmão?

– Quem faz sequestro são os traficantes! Mas isso eu já sei, todo mundo sabe! O Otávio deve estar de sacanagem comigo. Faz o maior mistério, parece que vai me contar um segredo de Estado e me vem com uma obviedade como essa! E agora, o que nós vamos fazer? Sair perguntando pra tudo quanto é traficante onde está o Julio?

– Vai dormir, vai! – Edna encaminhou o marido para o quarto. – Vai descansar um pouco.

– Você não vem? – perguntou Eustáquio.

– Dorme você. Eu estou sem sono.

Edna passou a noite quase toda acordada, rezando e batucando na mesinha de cabeceira os seus três toques na madeira para espantar os maus pensamentos. Esperava o telefone tocar com notícias do filho, mas o telefone parece que dormiu bem, não tocou nenhuma vez.

Edna acabou dormindo por volta de quatro da manhã, mas às seis já estava de pé. Eustáquio estava acordado desde as cinco. Os dois não conseguiam tirar os olhos do telefone, pedindo para que tocasse. Às nove horas o telefone tocou, mas era o coronel Otávio.

– Algum telefonema?

– Não.

– Bom, talvez tenhamos que esperar mais.

– Você vem pra cá, Otávio?

– Pois é, foi justamente por isso que liguei, eu não vou poder comparecer aí hoje. Mas faço questão de hipotecar minha solidariedade. Como oficial superior, não fugirei do dever. Qualquer coisa, mas qualquer coisa mesmo, é só me ligar que estarei a postos!

– Bom, Otávio, eu estava querendo ir à delegacia dar parte do sumiço...

– Sumiço, não! Sequestro.

– É... eu pensei, se você pudesse ir comigo...

– Infelizmente, não poderei acompanhá-lo. Você sabe, Eustáquio, hoje é domingo, eu tenho o vôlei de praia, nós estamos fazendo um campeonato, eu sou da comissão organizadora, não posso faltar.

– Mas você falou de tomarmos a iniciativa, de investigarmos...

– Exatamente. E acho que você está tomando a decisão acertada, procurando a polícia. Precisamos num primeiro momento dar chance à polícia de tentar resolver o caso.

– Mas você não pode me acompanhar?

– É, não vai dar... o vôlei... eu sou responsável pela organização... não posso fugir das minhas responsabilidades! Mas acho que ir à delegacia é uma atitude excelente! Por enquanto, a melhor atitude.

Eustáquio desligou o telefone decepcionado. Concluiu que não poderia contar com a ajuda nem do irmão, nem de mais ninguém. Era só ele e Edna.

– Edna, vamos dar parte na delegacia.

– Mas e se alguém liga quando a gente estiver lá?

Deixaram uma mensagem na secretária eletrônica. Acharam mais simples do que acordar Sílvio, que costumava dormir até tarde, e não parecia ter o sono perturbado pelo sumiço de Julio.

*****

Depois de esperar uma eternidade na antessala da delegacia, o casal Silveira finalmente foi chamado por um policial, que os levou até uma sala, onde um outro homem, que presumiram ser o delegado, os esperava.

– Bom-dia, eu sou o detetive J. Rui. O delegado está de licença essa semana, problemas pessoais. O delegado adjunto está fora no momento, mas se eu puder ser útil...

O major sentiu-se contrariado. Um major do Exército atendido por um subalterno! Tentou disfarçar sua decepção.

– Eu sou o major Silveira. Estou na reserva remunerada, depois de servir por mais de vinte anos ao Exército brasileiro!

– Pois não, major. Sentem-se, por favor. – O detetive apontou para duas cadeiras meio tortas. – Desculpem o estado das cadeiras, mas os senhores sabem, a verba é curta...

Eustáquio achou o detetive bastante solícito e talvez para se desculpar de sua contrariedade inicial resolveu puxar uma conversa, antes de entrar no assunto que o levara ali.

– J. Rui. É jota de José?

– Não, é jota de... – o detetive baixou a voz – ... Jilberto. – Odiava admitir que seu nome era grafado com jota. Meio acabrunhado, o policial procurou não estender o assunto.

– Mas o que traz o casal aqui?

– Ah, sim, detetive Gilberto... – Eustáquio sentiu necessidade de se corrigir, com medo de ter falado Gilberto com gê... – quer dizer, detetive Jota Rui, nós somos pais de Julio Silveira. O nosso filho desapareceu desde sexta-feira.

Então o major contou que o filho sumiu sem deixar bilhete, sem telefonar, sem mandar recado, simplesmente desapareceu. Contou que ligaram para todos os lugares, para os hospitais, para os amigos do filho e até para o indefectível Instituto Médico-legal. E finalmente concluiu:

– Achamos que o Julio foi sequestrado.

– Sequestrado? – estranhou o policial. – Mas os senhores têm alguma prova disso?

– Provas? Bom, nós recebemos um telefonema, mas era de gente se fazendo passar pelos sequestradores...

– Isso não é incomum. Olha, major, se o senhor der queixa do desaparecimento de seu filho nós faremos tudo o que for de nosso alcance para tentar descobrir o que houve com ele. Mas, por enquanto, eu devo admitir que não é muito o que podemos fazer.

– Não podem fazer muita coisa? – Edna assustou-se. – Como assim?

– Bom, não existem provas ou pistas de qualquer crime – J. Rui explicou. – Por enquanto, o máximo que podemos fazer é espalhar fotos do garoto...

– Espalhar fotos? É assim que os senhores agem quando alguém é sequestrado?

– Na verdade não existe nenhum crime configurado, minha senhora. O seu filho não deve ter sido sequestrado, pode até ter sumido por conta própria ou viajado...

– Viajado sem avisar? – Edna sobressaltou-se. – Meu filho avisaria se fosse viajar! Ele é um menino responsável!

Eustáquio teve que acalmar a tropa.

– Calma, Edna, deixa o rapaz se explicar melhor.

J. Rui não gostou muito de ser tratado por rapaz, mas respirou fundo e tentou obedecer ao pedido do major, tentou explicar melhor:

– Olha, minha senhora, sequestro é um caso especial, especialíssimo! No caso de seu filho, ele desapareceu, mas não foi, com quase toda a certeza, um sequestro com pedido de resgate etc.

– E o que poderia ter sido? – Edna perguntou, impaciente.

– Bom, algumas vezes os bandidos capturam as pessoas e ficam algumas horas com elas circulando por caixas eletrônicos para sacar dinheiro, depois largam a vítima em algum local distante. Isso se chama sequestro relâmpago.

– Mas o senhor acabou de dizer que não era sequestro, agora já tá mudando de ideia novamente! – Edna não estava entendendo. – Foi sequestro ou não foi?

– Calma, minha senhora, isso que eu falei se chama sequestro relâmpago, é diferente, não tem pedido de resgate, não tem cativeiro. O ladrão só quer sacar dinheiro da conta da vítima...

– Que conta? O Julinho não tem conta em banco!

– Então, parece que esta possibilidade também deve ser descartada. O garoto tem só 19 anos, é um menino... esses golpes, em geral, são dados em pessoas que pareçam ter algum dinheiro no banco...

– O senhor está dizendo que o Julinho tem cara de pobre? Olha, meu senhor, o meu Julinho é muito bem-apessoado, um garoto com uma cara ótima, entendeu! – Edna defendia seu filho até as últimas consequências. – É claro que um ladrão podia achar que ele tinha dinheiro...

Eustáquio a interrompeu, tentando acompanhar o raciocínio do detetive.

– Se não foi sequestro comum nem sequestro relâmpago, o que poderia ter sido?

– Olha, eu não posso lhe dizer aqui, agora, o que aconteceu com o seu filho. Nós vamos investigar... Existem muitos casos em que as pessoas saem de casa por vontade própria, ou se perdem... ou pessoas... vamos dizer assim... que têm lapsos de memória provocados por bebida ou por algum... como posso dizer... estupefaciente...

– O senhor não está insinuando que meu filho fugiu de casa ou que é um bêbado toxicômano, está? – Dona Edna era nervosismo em estado puro. Sua raiva era palpável, quase se podia pegar na mão. O major tratou novamente de botar ordem.

– Calma, Edna! – pediu sem calma. – Ele não está falando do Julio. Ele está supondo...

– Supondo coisíssima nenhuma! Desde que nós chegamos aqui esse senhor vem falando mal de meu filho. Primeiro é um irresponsável, depois é um pobre miserável maltrapilho e agora meu filho é um drogado! Que isso? Isso tá me cheirando a incompetência! Cadê o delegado? Esse policial, detetive, sei lá o quê, não sabe de nada! Um sujeito que já começa errado pelo nome!

Aí o bicho pegou. Falem mal da polícia, falem mal do chefe da polícia, do secretário de Segurança do estado, do governador, da mãe do governador, mas não falem mal da grafia do nome de Jilberto Rui que ele vira fera. E ele virou fera.

– Errada é a senhora! É claro que o seu filho não foi sequestrado! Os traficantes iam pedir o que da senhora? Uma colcha de tricô? Uma suéter? Um bordadinho que a senhora ia fazer pra eles? O que um casal de aposentados pode dar em troca de um sequestrado?

Subitamente J. Rui olhou para a cara petrificada do major Silveira, uma cara que estampava o seu passado militar. Mesmo estando na reserva, o rosto do major impunha respeito. Jilberto estancou sua fúria. Pediu mil desculpas.

– Desculpem! Desculpem! Desculpem! Desculpem! – Parecia que ele ia pedir as desculpas uma a uma. – Dona Edna, desculpa! É esse estado de violência em que vivemos. Eu fico com os nervos em frangalhos.

Eustáquio mantinha a fleuma, apesar de tudo. Tentou manter a tranquilidade também. Foi duro.

– Eu devia ter ido para casa no momento em que soube que seria atendido por um subalterno. Ou então, anotar esse seu estranho nome e dar parte ao delegado pelo tratamento que o senhor está nos dando. Mas vou relevar. Vou relevar em nome da situação em que a minha família se encontra. Enquanto o meu filho não reaparecer eu não tenho tempo para picuinhas com policiais de terceira categoria como o senhor. Só por isso eu vou relevar, por falta de tempo!

– Mais uma vez desculpa, coronel...

– Major! – Eustáquio corrigiu com raiva. – O senhor devia entender que Edna é uma mãe que não sabe o paradeiro de seu filho. Ela, sim, tem o direito e o dever de ter os nervos em frangalhos. O senhor, ao contrário, tem o dever de controlar suas emoções, senhor... Jilberto com jota!

O major dessa vez fez questão de frisar o jota. Levantou-se, ajudou Edna, que chorava, a se levantar e finalizou:

– Nós não viemos aqui para ser maltratados...

– Desculpa mais uma vez, é que...

O major puxou sua esposa e ambos saíram da delegacia sem ouvirem o milésimo pedido de desculpas de J. Rui.

*****

Ao entrarem no apartamento, voltando da delegacia, Edna e Eustáquio só conseguiam pronunciar a palavra "absurdo". O tratamento recebido na delegacia foi um absurdo, a teoria da polícia era um absurdo, o preço da corrida do táxi foi um absurdo. A indignação do casal fez uma pausa quando viram a luzinha da secretária eletrônica piscando. Três vezes. Três recados. Será que agora era alguma notícia de Julio? Eustáquio, nervoso, quase não conseguiu lembrar qual era o botão que tinha que apertar para ouvir as mensagens. Finalmente conseguiu fazer a fita voltar. O primeiro recado era o seguinte:

Voz: "Ih, secretária eletrônica! Eu não sei falar nesse negócio não."

Outra voz, atrás: "Fala, boba, é só falar."

Voz: "Alô, dona Edna?... Aqui quem fala é a Ermengarda, amiga da empregada do 201... É que eu ouvi dizer que a senhora tava precisando de costureira e resolvi ligar..."

Outra voz, atrás: "Diz que liga depois."

Voz: "Então eu ligo depois, tá. Té logo... E agora, o que eu faço?"

Outra voz, atrás: "Desliga."

Voz: "Então eu vou desligar, tá?" Desligou.

– Ah, que bom, eu tava mesmo precisando de uma costureira! – Edna animou-se. Por um momento parecia que tudo tinha voltado ao normal. Eustáquio olhou para ela de cara feia, lembrando-a imediatamente de que a costureira era para costurar as roupas de Julio, seu filho sumido. Uma lágrima ameaçou brotar dos olhos de Edna, mas foi interrompida pelo segundo recado. Quase não conseguiram entender a mensagem, a qualidade da gravação era péssima. Parecia a voz de Julio.

Voz: "Alô..." Ruído-xiado-ruído "... tô bem..." xiado-ruído-zoeira "... me amarrando..." zoeira-ruído-barulho-xiado "dinheiro pra pagar..." xiado-barulho-ruído-xiado... "Tô sendo bem tratado..." zoeira-barulho.

– Meu Deus! Era o Julinho?

– Parece que sim, mas não deu pra ouvir direito.

– Ele falou que tá amarrado?

– Amarrado foi uma das únicas palavras que eu consegui entender.

– Ai meu Deus, amarraram o Julinho!

– Ele disse que a gente precisava pagar alguma coisa? Pagar o quê?

– O resgate. Só pode ser isso! Tá amarrado e só sai quando pagarmos o resgate. Ai meu Jesus Cristo! Ai meu Deus. – Edna começou a chorar.

– Calma, Edna, não vamos nos desesperar. Tem mais um recado. Pode ser o Julinho de novo.

Ouviram então o terceiro recado.

Voz: "Aí, vou logo avisando. Se tu não pagar, tu vai ver o que é bom pra tosse!"

– Nossa! É o sequestrador!

– O seu irmão estava certo! É sequestro mesmo!

– E o sequestrador está nos ameaçando! – Eustáquio tremia de tão nervoso. – Aquele policialzinho de meia-tigela tentando nos convencer que não era sequestro! E agora?

O desespero tomou conta do casal. Edna começou a chorar. Seu choro contagiou Eustáquio. Choraram muito, abraçados um ao outro, até o choro ficar quase silencioso, um choro crônico.

Sílvio, que tinha ficado todo o tempo em seu quarto, passou pelos pais sem falar nada e saiu de casa. Ele não tinha atendido os telefonemas, mas ouviu os recados. Achou que a voz do segundo recado era de Julio, mas não conseguiu entender nada do que o irmão falou. Mas o terceiro recado ele entendeu direitinho. A voz era do Zeca, ele tinha certeza. Zeca, seu fornecedor de maconha, estava puto com ele. Há uma semana vinha lhe cobrando uma dívida. Porra, filho da puta! Ligar pra casa dos pais e deixar um recadinho escroto desses por causa de 200 pratas? Porra, vai se fuder!

3

O ônibus seguia balançando pela estrada, tão esburacada quanto a cara do sujeito cabeludo sentado ao lado de Julio. Os dois travavam uma animada conversa há mais de duas horas, desde que o ônibus saiu de São Paulo.

– Ô Julio, deixa eu entender direito essa tua história. Você disse que estava na casa de um amigo. Esse teu amigo te chamou pra ir com ele pra São Paulo atrás de uma gata que ele estava azarando e você foi. É isso mesmo?

– Nós fomos a São Paulo atrás de duas gatas! – Julio tentou explicar. – Duas! Uma que ele estava azarando e uma amiga dela, que ele disse que era maravilhosa.

– E aí, quando você chegou em Sampa, a sua gata maravilhosa virou abóbora. Não era gata, nem maravilhosa. Ou seja, o seu amigo, se é que eu posso chamar o cara de amigo, só queria companhia pra viagem. Quando chegou lá, ele grupiou a mina dele e te deixou lambendo os dedos?

– Não foi bem assim! A mina tinha uma amiga...

– Tremendo jaburu!

– Tudo bem, ela não era muito bonita...

– Mocreia!

– É, tá, mocreia. Tudo bem, ela não quis nada comigo, eu também não fiquei a fim dela, e o meu amigo se deu bem com a gata dele.

– Aí tu se viu em São Paulo sem mulher, sem amigo e sem ter onde ficar?

– Mais ou menos... tá bom, eu não tinha onde ficar. O meu amigo ficou na casa da mina dele e não dava pra eu ficar lá. Mas eu não fui a São Paulo só atrás de mulher. Eu queria viajar, sair de casa, estava precisando de uma aventura... Eu só queria fazer alguma coisa diferente, ir pra qualquer lugar...

– Qualquer lugar. Búzios, Cabo Frio, Saquarema, lugares maneiros, nem pensar?

– Eu não tinha com quem ir nem onde ficar nesses lugares...

– Ué, nesses lugares não tem rodoviária? Porque você me disse que em São Paulo tu dormiu na rodoviária. E de manhã pegou o primeiro ônibus pra voltar pra casa.

– Foi. – Julio respondeu contrariado.

– Então, desculpa eu te dizer isso, mas eu só posso tirar uma conclusão: tu é um tremendo mané!

Julio se assustou com a excessiva sinceridade do cabeludo.

– Pô, cara, precisa me chamar de mané? Eu pensei que você ia entender a minha. Cê tem cara de ser um sujeito legal. – A simpatia com o companheiro de poltrona tinha ficado alguns quilômetros atrás na estrada.

O cabeludo permaneceu calado por alguns minutos, mas logo retomou a conversa.

– É foda, o mal de ser cabeludo é esse. Todo mundo que faz uma merda, toma uma decisão errada ou tem uma ideia doida na cabeça acha que vai conseguir aprovação de um cara cabeludo e por quê? Porque, se o cara é cabeludo, é maluco, e se é maluco, entende as maluquices dos outros.

– Desculpa, cara, foi mal.

– Olha, meu irmão, eu já te disse que meu nome é Mário, disse que o pessoal lá onde eu moro me chama de Mário Filósofo. Mas você nem quis saber mais nada de mim. Saiu logo contando essa tua história maluca, nem perguntou quem sou eu, o que faço, qual é a minha...

– Porra, desculpa, cara, foi mal, eu já disse. – Julio fez uma pausa, mas logo puxou assunto de novo. – Então conta aí, o que você faz? Onde você mora?

Antes que Mário começasse a responder, o ônibus saiu da estrada principal e estacionou. O motorista levantou-se e anunciou preguiçosamente aos passageiros:

– Resende. Alguém vai saltar?

– Eu! – Mário Filósofo levantou-se. – É aqui que eu moro, quer dizer, aqui perto, ainda tenho que pegar outro ônibus. Bom, foi um prazer te conhecer, valeu, tchau! – Mário Filósofo pegou seus pertences no bagageiro e seguiu pelo corredor do ônibus até desaparecer pela porta.

Julio correu atrás de Mário Filósofo. Saltou do ônibus e alcançou o cabeludo alguns metros à frente.

– Onde você mora? Em Mauá, aquela cidade cheia de doidões?

– Não, eu não moro em Mauá, nem produzo mel, apesar de parecer um hippie velho.

– Parecer? – Julio riu.

– Fala logo o que tu quer que ainda tenho que pegar outro ônibus.

– É que eu pensei que... sabe... eu não tô muito a fim de voltar pro Rio... e pra não perder o fim de semana... Eu podia ir contigo até Mauá ou, sei lá, esse lugar que você mora e...

Mário passou as mãos pela cabeleira, pensativo. Coçou a cabeça, ajeitou a gola da camisa bem devagar. Colocou seus pertences no chão e passou calmamente o braço esquerdo pelos ombros de Julio.

– Você poderia fazer o favor de me mostrar o seu convite?

– Que convite?

– Sabe o que é? É que nessa festa só dá pra entrar com convite, sacou! Se você não tem convite, você não pode entrar.

– ... mas eu não estou me convidando pra ficar na sua casa! Eu posso ficar numa pousada...

– Lá não tem nenhuma pousada. E a rodoviária não tem banco pra dormir.

– Não tem nenhum lugar lá onde a gente possa dormir?

Mário Filósofo ficou quieto, pensando. Finalmente resolveu responder:

– Olha, eu vou te dizer um negócio: eu ando muito de ônibus, vou visitar a família, agitar um lance aqui, uma parada ali, ando pra caramba, e, pode acreditar, eu nunca dei papo pro cara que senta na poltrona do lado. O cara faz que vai falar comigo, eu viro pro outro lado e finjo que tô dormindo, chego a roncar pra espantar a conversa. Contigo foi a primeira vez que eu dei trela pro cara do lado. A primeira vez, e sabe por quê? Porque eu fui com a tua cara. – Mário suspirou antes de completar: – Então, já que eu abri essa exceção, vou abrir outra. Vou deixar tu ir comigo lá pra Bagagem, que é o nome do lugar onde eu moro. Pode ir.

– Valeu! E você me arruma um lugar pra dormir?

– Você pode ficar lá em casa, no quarto dos hóspedes.

– Pô, Mário, você é muito gente boa! Muito legal!

– É, eu devo ser um cara muito legal, ou então um mané, que nem você!

*****

– Faxineira arruma a casa! – Foi o que Edna explicou no dia em que Maria, a faxineira, começou no serviço. – Varre o chão, limpa os vidros, espana os móveis, faz tudo para deixar essa casa arrumada, muito bem arrumada!

Maria levou a sério a explicação de Edna e nunca mais esqueceu a lição. Arrumar era o seu objetivo, sua única e exclusiva missão. Limpava a mais imperceptível poeira, não deixava nenhum papel solto, nenhuma revista jogada, nenhum móvel um milímetro fora do lugar. A casa ficava sempre muito, bastante, exageradamente arrumada. Todas as terças e sextas, quando Maria vinha ao apartamento dos Silveira, a casa ficava um brinco. E se alguém deixasse algum papel ou objeto solto pela casa, corria o risco de nunca mais encontrá-lo na vida. Arrumar para Maria significava tirar de vista tudo que não fizesse parte da decoração original da sala. E assim ela escondia ou jogava fora, de acordo com critérios absolutamente pessoais, todos os papéis que encontrasse pelo caminho. Depois de vários carnês perdidos, documentos extraviados e objetos sumidos, Edna desistiu de dar broncas ou tentar ensinar a Maria como agir corretamente e decidiu que a melhor solução era guardar os papéis importantes antes de Maria arrumar a casa. Afinal, apesar dos excessos, ela era uma boa faxineira, e de confiança, difícil de encontrar igual.

Mas na sexta-feira em que Julio saiu de casa, Edna teve que sair pela manhã e só voltou para casa no final da tarde, ficando a casa livre para as arrumações de Maria. Às três da tarde o correio chegou e Maria se viu com aquele monte de cartas para guardar. Guardar era com ela mesmo, guardou bem guardado, num canto da estante de livros. Às três e meia, Maria, com o serviço praticamente terminado, resolveu dar uma saidinha para visitar o pastor na igreja evangélica que frequentava.

Julio apareceu em casa às quatro horas. O porteiro não o viu passar, entretido em dar broncas nos meninos que jogavam bola no pilotis. Julio entrou no apartamento chamando pela mãe. Sem resposta, chamou por Maria, mas Maria também não estava. Julio precisava dar um recado para a mãe, antes de sair. Depois de muito procurar, Julio finalmente achou um bloco de papel de carta na gaveta da estante da sala. Escreveu um bilhete para a mãe e o deixou na mesa da sala, bem à vista. Não se preocupou com as arrumações de Maria, achou que ela já tinha ido para casa.

Maria voltou da igreja cinco minutos depois de Julio ter saído de casa com uma mochila nas costas. Quase desmaiou ao se deparar com o bilhete em cima da mesa. Que papel era aquele? Como é que ela tinha deixado um papel desarrumado assim tão na cara? Não pensou muito, pegou rapidamente o papel e o guardou junto com as cartas do correio na estante da sala. Dever cumprido. Casa arrumada. Até terça-feira, pensou Maria, e foi embora.

*****

Julio e seu novo amigo hippie entraram num ônibus que era uma verdadeira arca de Noé. Patos, marrecos, galinhas, cachorros, gatos acompanhavam os matutos que lotavam o ônibus. O motorista deu a partida e o mundo começou a tremer, chacoalhado pelo motor. Mário virou-se rindo para Julio.

– Olha, o ônibus vai pulando desse jeito até lá em cima. São quase duas horas de viagem. Ainda tá em tempo de desistir...

– Não, de jeito nenhum. Você deve achar que eu sou um mauricinho babaca acostumado a andar de frescão. Eu seguro essa barra aqui tranquilo, meu irmão!

– Tudo bem, mas se passar mal, vomita pela janela.

O ônibus seguiu tremelicando por mais uma hora e meia. Então começou a parar de 500 em 500 metros para que os matutos e seus animais saltassem. Quando parou em frente a um bar perdido no meio do nada, Mário saltou, e andou sem sequer olhar pra trás, sabia que Julio o estava seguindo.

– Sua casa é aqui?

Mário não respondeu, continuou andando. Andaram cerca de cinco minutos por uma estradinha de terra até que chegaram a uma casa. Mário deu a volta pela casa, abriu a porta dos fundos e deixou Julio entrar. Logo à esquerda havia um quarto.

– Taí o seu quarto! – Mário Filósofo jogou a chave do quarto no peito de Julio, que assustado a deixou cair no chão. Com o susto deixou cair também sua mochila. Caiu por terra também qualquer esperança de ficar bem acomodado.

– O meu é o da frente. – Mário mostrou a porta de seu quarto. – É óbvio que ele é melhor que o seu, já que eu moro aqui. O outro cômodo da casa, conhecido como salão azul, é de fácil localização. É o que não é nem o meu quarto, nem o seu quarto, nem o banheiro. Bom, chega de conversa mole que eu tô cansadão. Se vira aí! Tchau!

O quarto que o hippie ofereceu para Julio parecia uma cela de um mosteiro franciscano. Havia apenas um colchão e uma mesinha de cabeceira. Cansado, Julio se jogou de costas no colchão. Uma nuvem de poeira subiu causando em Julio um acesso de tosse e espirros. Ajudado por um espirro mais forte, Julio foi propulsado do colchão. Foram necessários cinco minutos de palmadas em seu próprio corpo, um verdadeiro ritual de autoflagelação, para conseguir tirar o pó que o cobriu da cabeça aos pés.

Julio saiu do quarto para conhecer as outras acomodações da "pousada", o que não lhe custou mais do que um minuto. Além de um banheiro minúsculo, havia uma sala pequena que tinha como mobília uma mesa com duas cadeiras inteiras e duas pela metade, o que matematicamente completava três. Completando a decoração, uma estante para livros, que se mantinha em pé por obra do acaso.

Julio resolveu bater na porta do quarto do hippie. Antes de tocar com o punho na porta, ela se abriu. Era Mário Filósofo, que se encostou no batente da porta e, rindo, perguntou:

– E aí, gostou do que viu?

– Não!

– Oh! – suspirou sarcasticamente Mário. – E por quê?

– Bom, o quarto de hóspedes não é exatamente de luxo, e no tal do salão azul tá tudo quebrado, aliás, nem azul ele é mais! Em resumo, a cotação dessa pousada deve ser meia estrela!

– Acho que vossa senhoria não está medindo direito suas palavras. Acompanhe-me, por favor. – Mário estendeu sua mão direita convidando Julio a entrar em seu quarto. Da porta mesmo, Mário fez-se de guia de turismo.

– Esse quarto, construído em 1980, pertenceu a Joaquim de Tal, agricultor nascido nessa região do estado do Rio de Janeiro. Em 1995, foi comprado por Mário de Souza Reis, conhecido como Mário Filósofo. Passando por uma reforma completa, o quarto hoje é considerado um dos mais confortáveis em um perímetro de 5 quilômetros. O quarto está equipado com uma cama de casal espaçosa sobre a qual há um colchão de molas de qualidade excepcional. À frente da cama podemos ver, sobre uma estante, uma televisão colorida de 25 polegadas e um videocassete de quatro cabeças hi-fi estéreo, ambos da conceituada marca Sony. Ao lado da cama, duas mesas de cabeceira em estilo rústico que dão um ar rural ao conjunto do dormitório. E como toque final, um ar-condicionado. Quanto ao restante das acomodações, deixa eu te mostrar.

Mário levou Julio para fora da casa, onde continuou em seu papel de guia de turismo. Julio conheceu o caudaloso rio que cortava Bagagem, andou pelo mato, visitou três cachoeiras, todas com o nome de Véu de Noiva. Na última das cachoeiras, pararam para tomar um banho. Julio, completamente deslumbrado, sentou-se numa pedra e ficou contemplando a natureza exuberante, ouvindo o som dos passarinhos.

– Isso aqui é sensacional! Você tem razão, quem é que vai ficar enfurnado num quarto quando tem essa natureza pra curtir? Mas você podia dar um mínimo de conforto pros seus hóspedes, né?

– Você, um habitante da cidade grande, nada entende da vida no campo. O quarto onde você está hospedado vive vazio e só dois tipos de pessoas podem ser convidados a usá-lo.

– Dois tipos?

– Sim. Homens ou mulheres. Os homens, como é o seu caso, normalmente têm a mesma reação que você teve e, depois de pensar um pouco, tentam arrumar outra "pensão" para se acomodarem. Como não existe outra pensão na região, eles se mandam.

– Mas que hospitalidade! E as mulheres?

– As mulheres têm duas reações: ou a mesma que os homens, ou então elas percebem que existe um quarto melhor na casa, cujo único problema é que tem que ser dividido comigo. Como não sou de se jogar aos cães, e acima de tudo, tenho esse meu jeito de hippie místico e esotérico que pode ser interessante em certos círculos femininos... bom, nesses casos eu posso dizer que em setenta por cento das vezes elas vêm dormir no colchão anatômico do hippie velho.

– Com você?

– É claro. Digamos que faz parte do pacote.

– Que picareta, hein! Pra falar a verdade, eu acho um pouco difícil acreditar que vem muita menininha pra cá e que você traça elas todas. Pensando bem, acho quase impossível que essas meninas fiquem aqui nessa casa. Elas querem natureza, campo, ar puro, não querem cama e ar-condicionado.

– Pra isso eu tenho dois grandes aliados: os mosquitos no verão e o frio no inverno. Nenhuma menininha da cidade grande aguenta mais de duas noites sendo picada por mosquitos da ponta dos pés ao último fio de cabelo. E o frio do inverno daqui é de lascar!

– E fora do verão e do inverno? – Julio estava cada vez mais curioso.

– Fora do verão e do inverno é o período de voltas. Elas voltam nos finais de semana, feriadões... aliás, tem um feriadão aí pela frente. Quinta-feira que vem é feriado, é dia de chegar menininha da cidade grande a fim de um cara inteligente, sensível e principalmente exótico para passar o fim de semana.

– Um cara exótico? Sem dúvida! E erótico também! – Julio não conseguiu segurar uma gargalhada. Então, voltou a contemplar a paisagem ao seu redor. Ficou pensativo por algum tempo.

– Você lembrou bem, quinta-feira é feriado, e isso me dá uma ideia. Esse lugar aqui é o máximo, e, pelo que você diz, no feriado pode até rolar uns brotos. Acho que vou tentar provar um pouco mais desse paraíso. Eu não vou embora amanhã não. Vou ficar aqui essa semana, até domingo. Quinta é feriado, só vou perder três dias de aula.

Mário ficou encarando Julio em silêncio.

– Que foi? – Julio estranhou.

– Tu é o maior entrão mesmo, hein! Nem passou pela sua cabeça me perguntar se dá, se pode, se tem vaga?

– Pô, desculpa! Dá pra eu ficar aqui mais um tempo?

– Não sei, tenho que pensar... – Mário fez um muxoxo, fingiu que pensava no assunto. – Tá, já pensei, pode ficar, tem vaga na pensão. Mas eu não aceito reclamação pelo quarto!

– Beleza! Eu só tenho que telefonar pros velhos pra avisar.

– Olha, o telefone mais perto que tem é no bar do Venceslau, mas tá quebrado há mais de um mês. O telefone mais próximo atualmente é o do botequim do seu Afrânio, mas é longe, fica a uns 5 quilômetros daqui.

– Caraca! É longe pacas! – Julio pensou um pouco. – Tudo bem, amanhã de manhã eu vou até lá.

*****

Julio dormiu muito mal à noite. A poeira incrustada no colchão dificultou sua respiração. Quando finalmente conseguiu dormir, recebeu a visita de uns amigos de Mário: os mosquitos. Com dificuldade saiu do quarto e foi para o "salão azul", onde descobriu um interruptor e, enfim, luz! Procurou um local alternativo para dormir. Depois de examinar e reprovar o chão frio e o tampo da mesa, descobriu um tesouro escondido entre a estante de livros e a parede: uma rede. Examinou por toda a parede do salão azul e não achou nenhum gancho para pendurar a rede. Deve estar lá fora, imaginou. Saiu da casa e acendeu a luz em frente à casa. "Porra!", pensou, "o cara bota luz na casa toda menos no quarto dos hóspedes".

Achou um gancho preso na parede da casa. E o outro gancho? O jeito foi amarrar a outra ponta da rede no galho de uma árvore que ficava quase encostada à casa. Julio se deitou na rede e, apesar de não estar acostumado, conseguiu dormir depois de algum tempo. Estava exausto.

Assim que acordou Julio seguiu em direção ao bar do Afrânio para ligar para casa. Os 5 quilômetros nem doeram tanto, já que a paisagem era linda e, para Julio, tudo fazia parte do passeio. Duas horas depois, ele finalmente avistou um casebre na beira da estrada que se parecia muito com o que costumamos chamar de bar. Uma porta aberta, um balcão com algumas garrafas de bebida expostas, uma geladeira enferrujada e barulhenta tentando funcionar. Num canto, um caipira bebia pinga calado. Atrás do balcão, outro caipira, que Julio supôs tratar-se do seu Afrânio.

– O senhor é o seu Afrânio?

– Éeumerm.

– O quê? – Julio não entendeu.

– Éeumemsuafrã.

– Como?

O sujeito repetiu mais alto e com as sílabas mais espaçadas.

– É eu mem su afrã!

Julio continuou sem entender, mas presumiu que a resposta era positiva.

– Será que eu posso usar o telefone?

– Pómavatedifucudá.

– O quê?

– Pó ma va te difucudá. Otefonetápéss.

– Desculpa, eu não entendi.

O caipira repetiu a frase exatamente da mesma maneira e Julio continuou boiando, mas como o suposto seu Afrânio pegou um telefone debaixo do balcão e lhe ofereceu, Julio achou que a permissão estava dada. O som que vinha do telefone parecia com a fala do seu Afrânio, vários ruídos completamente ininteligíveis. Presumiu que um daqueles barulhos era o sinal. Discou o número de sua casa. Depois de vários sons estranhos, alguns inteiramente novos, Julio achou que ouviu o barulho do telefone tocando. Alguém atendeu, uma secretária eletrônica. Conseguiu identificar a voz do pai no recado.

– Droga! Secretária. Eles devem ter saído – falou para o caipira, que não prestava atenção.

Julio ouviu um ruído que parecia o do final da mensagem. Deixou o seu recado:

– Alô, mãe, pai, tô bem. Estou num lugar supermaneiro, se chama Bagagem, tô me amarrando. Arrumei um lugar legal pra dormir, não precisa dinheiro pra pagar. Não precisa se preocupar que eu tô sendo bem tratado. Só volto no domingo que vem. Tchau!

Julio desligou.

– Quanto é? – perguntou a seu Afrânio.

– Urreá!

– Um real?

– É. Urreá.

Julio ficou feliz. Não pelo preço da ligação, mas por ter finalmente entendido algo do que seu Afrânio dizia. Julio ainda bebeu uma Coca-Cola, antes de caminhar os 5 quilômetros de volta. Encontrou Mário deitado na rede da varanda.

– Aí, hein! Deitado na minha cama? – brincou Julio.

– E aí, conseguiu ligar pra casa?

– Apesar da ligação horrível, eu consegui deixar recado.

– Seu Afrânio não te avisou que o telefone era ruim?

– Não.

– Ele não falou algo como: Otefonetápéss.

– Como?

– Otefonetápéss.

– Cara, foi exatamente o que o cara falou, mas eu não entendi nada.

– Pois é, ele sempre avisa naquela língua lá dele: Otefonetápéss. Tradução: o telefone tá péssimo! Tu deu sorte de conseguir ligar.

– Porra, por que tu não me avisou antes?

– Pra quê? Tu ia de qualquer jeito, não ia?

4

J. Rui não tinha a menor ideia do que estava acontecendo com ele. Há um bom tempo azarava aquela gata, já gastara uma fortuna em chopinho, caipirinha, batatinha frita, já gastara litros de conversa com ela, e agora, quando conseguia finalmente levar o broto pro motel, dava vexame. Porra, como era possível! Nunca investiu tanto numa gata! Nunca fez antes o que fez com Madalena. Jamais em sua vida de azarador havia tentado por mais de uma semana comer uma mulher. Mas Madalena era diferente, era um tesão de mulher que enlouquecia todo o pessoal da delegacia, que tresloucava os funcionários do supermercado onde era caixa, que desbundava os vizinhos do quarteirão. Madá para os íntimos, era uma louraça popozuda, uma definição rápida e rasteira daquela falsa loura com um traseiro na medida do gosto do homem médio brasileiro. A lourosa era mestra em matéria de enlouquecer os homens, principalmente os homens médios brasileiros. Sua principal tática consistia em se insinuar e depois se fingir de virgem imaculada e, assim, ganhar flores, jantares, presentes, tudo, tudo, tudo de um homem cada vez mais sedento de sexo.

J. Rui colocou na cabeça que ia comer Madalena de qualquer maneira. E investiu pesado. Foram três semanas de galanteio. Até flor, que não era de seu feitio, ele mandou. E com uma poesia escrita num cartão!

Jilberto fez de tudo até conseguir arrastá-la para um motel. A loura foi dizendo "não" pra tudo que via na frente até entrar no quarto. E então, na hora agá, quando ela já estava balbuciando um "sim", o "não" veio de Jilberto. Não de sua boca, mas de outra parte de seu corpo. Jilberto tentou de tudo, esfregou o membro, tentou fazer entrar meia-bomba, ensaiou uma masturbação, mas nada acontecia.

– Puta que pariu! – Jilberto não aguentou e desabafou com um grito.

– O quê? – Madalena, meio zonza na cama, perguntou com jeito de quem não estava entendendo o que estava acontecendo.

– Nada não, princesa. Fica tranquilinha aí, que eu já volto.

Jilberto suava frio. Foi ao banheiro para tentar esfriar a cabeça. Parou em frente à pia e molhou o rosto. Olhou-se no espelho. Não era possível! Aquilo nunca tinha acontecido a ele antes. Quer dizer, teve aquela vez com aquela vagabunda da sua rua, mas daquela vez ele estava bêbado, não conta. Teve também umas três brochadas com sua ex-esposa, mas esposa também não conta. Teve uma vez com a Valdirene, a escrivã da delegacia em Vassouras, sua terra natal, mas a Valdirene era feia de doer, ele estava a perigo, tinha levado um pé na bunda da namorada, estava nervoso, não conta também. Jilberto repassou sua vida sexual em segundos, como se ela tivesse morrido ali. Olhou pra baixo, e iniciou o velho papo:

– Que papelão, hein, garotão! Porra, meu irmão, tu podia colaborar, né? E agora, como é que vai ser? Três semanas atrás desse mulherão e na hora do vamo ver, nada?

– Jilzinho, você não vem? – O grito de Madalena estourou no banheiro como se fosse uma granada.

– Calma, benzinho, eu já vou. – Agora não tinha mais jeito. Naquela noite não ia rolar nada mesmo e ele ia ter que passar pelo constrangimento de assumir isso. Tentou se acalmar. "Ela vai entender. Claro! Uma menina tão dura na queda, vai entender! Eu vou dizer que estou apaixonado, que fiquei nervoso, embriagado com a sua beleza. Isso! Nervoso com a sua beleza! Essa é quente! Tem mulher que se apaixona quando o cara brocha. Vamos lá! Fé em Deus!"

Voltou para o quarto para se entregar ao inimigo e pedir clemência. Chegou devagarzinho na cama, abraçou Madalena, fez um carinho em seu rosto e puxou-a de forma a ficarem ambos sentados na borda da cama.

– Senta aqui, Madá. Olha, sabe o que é, eu estou há um tempão com você e agora que a gente veio pra cá...

– Que que tem?

– É que eu estou embriagado com a sua beleza! Tão embriagado que...

– Brochou!

– Que isso, Madá, eu...

– Brochou mesmo! – Madalena estava irreconhecível. Continuou: – Brochou! Pincelou! Esse seu pinto não vai levantar nem com um guindaste, não é, seu brocha!

Madalena a essa altura estava em pé em cima da cama, gritando a plenos pulmões:

– Seu brocha! Bro-cha! Pin-ce-lão!

– Que termos são esses, Madalena?

– Termos? Que mané termos, seu bundão!

Madalena se vestiu gritando "brocha" a cada peça de roupa. Saiu do quarto gritando "brocha" e continuou gritando pelo corredor do motel. Jilberto vestiu suas roupas rapidamente e, escondendo o rosto, praticamente fugiu do motel. No carro seus pensamentos eram um misto de raiva e desespero. Dirigia como um louco, falando sozinho:

– Que filha da puta! Se fingindo de boazinha e na hora agá é uma putinha! Como é que eu fui cair nessa! Babaca que eu sou! Merda! Também, fica dando em cima de caixa de supermercado! O que você queria? Porra, mas ela fazia uma carinha de meiguinha, a filha da puta! Piranha! Mas gostosa, a vadia! Aposto que ela dava pra todo mundo, menos pra mim. Ela sabia que eu ia dar presentinho, florzinha, pagar jantar e o caralho. Filha da puta! E você também, vai brochar com uma piranha dessas! Porra, que ridículo! Puta que pariu!

Usando o "puta que pariu" como vírgula, Jilberto foi falando sozinho até a sua casa. "Brocha! Só faltava essa!" Em meio aos seus pensamentos, lembrou-se do major que compareceu à tarde na delegacia reclamando do sequestro do filho, aquele milico com o rosto petrificado e sua esposa histérica. O major foi embora nervoso, deixando-o culpado. Afinal, o cara era milico, da reserva, mas milico. Devia tê-lo tratado melhor. Também, por que a porra do delega tinha que sair de licença? Só pra dar mais trabalho! E aquele milico filho da puta tinha que aparecer logo no seu plantão! Lembrava do milico e da sua esposa o tempo todo, até mesmo no motel, quando estava com Madalena. Era isso! Só podia ser isso! Como é que se pode olhar pra uma gata linda como a Madalena e pensar num milico? Olhar pruma boceta e ver um major! Que coisa horrível! Tinha que brochar! Era isso! Brochara com Madalena por causa do major! Beleza! Sabia que havia um motivo razoável para justificar a pincelada! Excesso de trabalho!

Chegando em casa, resgatou sua vida sexual tocando uma punheta em intenção de Madalena. Pensava nela xingando-o de brocha, pincelão, bundão e agora, em vez de raiva, sentia tesão! Muito tesão. Quando gozou já estava apaixonado por Madalena!

*****

Edna passou mais uma noite em claro. Rolava na cama sem conseguir dormir. Às cinco da manhã desistiu definitivamente do sono e foi para a sala, onde postou-se diante da janela de onde se avistava a favela. Por anos conviveu com aquela favela na janela de sua sala, uma vista tão íntima que nem chamava mais a sua atenção, era só uma paisagem. Agora, com a teoria do cunhado ecoando em sua cabeça, não conseguia tirar os olhos da favela: "Foram os traficantes! Foram os traficantes! Quem sequestra? Os traficantes." Se o desaparecimento de Julio tinha algo a ver com os traficantes, como seu cunhado supunha, Edna desconfiava que os traficantes do morro em frente à sua casa poderiam estar envolvidos, ou pelo menos poderiam saber de alguma coisa.

Edna precisava fazer algo. Ligou para a faxineira.

– Alô, Maria, é a dona Edna.

– Oi, dona Edna. Ih, dona Edna, que chato esse negócio do Julinho, né!

– É, nós estamos muito apreensivos. Mas se Deus quiser o meu Julinho vai voltar. Olha, Maria, você não precisa vir aqui amanhã, não. Nós estamos muito nervosos com essa história toda e...

– Mas a casa vai ficar suja, dona Edna?

– Ah, eu mesma dou um jeitinho... – Edna entrou então no assunto que a fizera ligar para a empregada. – Maria, você tem uma amiga que mora nessa favela aqui em frente de casa, não tem?

– Tenho, dona Edna, a Esmeralda. Ela é lá da igreja. É uma das mais antigas de lá. O pastor diz que ela é uma santa criatura.

– Ah, ela é lá da igreja... E você conversa muito com ela?

– Bastante, a gente costuma ajudar o pastor a recolher as ofertas.

– Vocês trabalham juntas?

– É, sim senhora.

– Hummmm... E você já foi na casa dela?

– Ah, isso não senhora porque eu tenho muito medo de subir no morro. Os home tão cheio de metralhadora e escropeta lá em cima.

– Escopeta.

– É, escropeta. A senhora nunca viu aí da janela?

– Bom... Quer dizer... Eu nunca reparei. Eu já tinha ouvido falar, mas não sabia que eles andavam pelo morro armados.

– É, num largam das arma pra nada, nem pra fazer as necessidade.

Edna ficou pensativa por um momento. Cada vez mais sua intuição dizia que metralhadoras, favelas e traficantes tinham ligação com o desaparecimento do seu filho. Maria achou que a conversa tinha acabado.

– A senhora então me dá licença, que eu tenho que ir pra igreja. Eu já tava de saída quando a senhora me ligou.

– Peraí, Maria – Edna continuou. – Só mais uma coisinha... Você poderia me apresentar a sua amiga Esmeralda?

– Por quê, a senhora também quer entrar pra igreja? – Edna não viu, mas Maria abriu um sorriso de orelha a orelha.

– Não, quer dizer, eu sou católica apostólica romana...

– Ah, eu também era, mas só na Igreja Evangélica Jesus é Paz que o pastor Jeremias me fez encontrar Jesus o Deus verdadeiro. A senhora devia ir lá, dona Edna. Só Jesus vai poder tirar a senhora desse desgosto, dessa tristeza de ter perdido um filho...

– Eu não perdi filho nenhum! – Edna gritou. – Eu tenho certeza de que ele está vivo! E não me venha com sermão evangélico não, tá! – Edna respirou fundo, tentando se acalmar. – Ô Maria, onde a gente pode encontrar essa sua amiga, a Esmeralda?

– Ah, fora da igreja?

– É, pelo amor de Deus, fora da igreja.

– Bom, ela costuma fazer feira toda segunda-feira.

– Hoje? Será que você pode me encontrar lá na feira pra me apresentar a sua amiga?

– Bom, tá bom, dona Edna, eu vou lá falar com o pastor e depois encontro a senhora lá na feira.

*****

O sol batia forte sobre as mesas de dama que Eustáquio frequentava todos os dias, acompanhado por dezenas de aposentados no Posto 6, no final da praia de Copacabana.

– Major e merda hoje em dia é a mesma coisa!

Eustáquio não se cansava de repetir esta frase dezenas de vezes ao dia. Era a senha para começar uma saraivada de reclamações sobre o soldo dos militares reformados, o papel das forças armadas e outras militarices. Toda notícia que tocava em forças armadas de alguma maneira, direta ou indiretamente, justificava um longo discurso a favor ou contra, mas sempre ferrenho, como deve ser o discurso de um militar. E todo discurso acabava em choramingo e consternação pelo fato de Eustáquio, ou major Silveira, seu nome de guerra, estar na reserva e nada mais poder fazer em prol de nosso insigne Exército.

– Mas por que o senhor foi pra reserva? – Sempre aparecia um novato pra fazer esta pergunta.

– Injustiça! Eu, com uma perna só, posso mais que três desses coroneizinhos bestas que infestam nossos quartéis hoje em dia.

Eustáquio ficava histérico toda vez que tinha que explicar que perdera uma perna num exercício de artilharia.

– Incompetência daquele cabo filho da mãe! Hoje ele deve ser no máximo sargento, um sargentinho de merda com certeza, e eu aqui, jogando damas.

– Qual é o problema de jogar damas, major? Não é isso que os militares fazem na ativa?

Todo dia aparecia um engraçadinho com esta piadinha, e sempre todos os aposentados, com exceção dos militares, riam muito. Todo dia o major se enfezava e tentava partir pra briga. Mas sempre a turma do deixa-disso aparecia e tudo acabava bem.

Essa era a rotina de Eustáquio. Mas no fim de semana, por causa do desaparecimento de Julio, o major Silveira fugiu de sua rotina e se entrincheirou em casa à espera de notícias do filho. Saiu de seu posto apenas para ir à delegacia. Na segunda-feira pela manhã Eustáquio já não aguentava mais ficar em casa. Era um militar, um homem de ação, mesmo inativo. Tinha que fazer algo além de ficar sentado esperando o telefone tocar. Tomou uma decisão: compareceria ao seu tradicional jogo de damas do Posto 6. Voltaria lá, mas desta vez não seria para se divertir ou discutir os rumos do Exército, do país ou do jogo de damas. Sua ideia era assuntar, conseguir informações sobre seu filho. A ideia do irmão de que os traficantes estavam por trás do sequestro de Julio tinha que ser tirada a limpo. E lá no Posto 6 podia conversar com outros militares, com juízes, engenheiros, comerciantes e delegados, todos aposentados. Mesmo alguns vagabundos que por ali circulavam podiam ajudar com informações.

A estratégia passava primeiro por sanar uma dúvida: afinal, ele ajudava a polícia ou partia para investigar o desaparecimento de Julio sozinho?

Eustáquio foi recebido com discrição em sua volta aos tabuleiros. Todos brindaram a sua volta sem grande estardalhaço porque já sabiam de seu drama. Em respeito à dor de um pai, um pacto silencioso foi imediatamente feito entre os frequentadores do damódromo: ninguém sacaneou o velho militar. Ninguém puxou qualquer tipo de conversa que pudesse deixá-lo nervoso. Não se tocou em assuntos militares, nem que pudessem, de alguma forma, lembrar o Exército, a Marinha, a Aeronáutica, militares pernetas ou da reserva remunerada. O jogo de damas era o assunto do dia e, só Deus sabe como, aqueles homens conseguiam sustentar aquele assunto por horas. Nem sobre futebol se falou, porque futebol tem reserva, tem capitão, tem defesa, tem ataque, e tudo isso podia ser entendido pelo major como alguma espécie de metáfora e sei lá... melhor não vacilar. A ordem era respeitar o major.

Eustáquio não estava conseguindo nenhuma informação sobre sequestros, traficantes, polícia, bandido, resgate, esconderijos, nada sobre nada. Todos jogavam damas como damas. Depois de algumas partidas, Eustáquio arrumou um jeito de ter como adversário o delegado aposentado Albuquerque.

O bigodinho, a gravata-borboleta e o cigarro constantemente no canto da boca faziam de Albuquerque uma figura ímpar. As poucas palavras ditas com a boca torta lhe davam um ar de policial de romance *noir*. Era tão anos 50 que parecia ter vindo ao mundo em preto e branco. Um Marlowe passado nos anos, um Sam Spade aposentado com a barriga caindo sobre as calças, um Bogart encarquilhado, ar *blasé*, jeito de quem tudo sabia, mas de que de nada adiantava saber.

– Você soube do caso do meu filho, não soube, Albuquerque?

– É... – Albuquerque sempre tragava o cigarro e soltava a fumaça calmamente antes de falar.

– Olha, Albuquerque, você sabe, eu sou pai... estou desesperado... eu venho aqui pra me distrair... mas... se você souber de alguma coisa... eu sei que você ainda tem contatos na polícia...

Novamente a tragada e a baforada de fumaça antes de falar, criando um clima de suspense.

– É, tenho contatos.

Eustáquio estava cheio de dedos para falar. Não gostava de pedir favores, não tinha jeito para isso. Suava, chegava a jogar mal, já tinha perdido duas pedras bobamente. Mas tentava assim mesmo:

– Olha... quer dizer... você podia... você podia com os seus contatos conseguir alguma informação... quer dizer... nada que te comprometesse, é claro... mas... alguma informação sobre meu filho... se fosse possível...

– O nome. – Albuquerque interrompeu a fala entrecortada de Eustáquio de forma cortante.

– Como?

– O nome.

– Ah, o nome de meu filho! Ah, claro, claro. É Julio... Quer dizer, Julio Almeida... o nome dele é Julio Almeida... ele é assim um pouco parecido comigo... é... um metro e setenta mais ou menos... cabelo assim... liso... preto... olhos castanhos... que mais?, deixa eu ver... ele é magro... que mais?

– Joga.

– Não, não joga. Mas pra que você precisa saber se ele joga?

– Joga. – O ar se encheu de fumaça.

Era a vez de Eustáquio. Ele entendeu a mensagem e fez sua jogada. Muito mal. Perdeu mais uma pedra.

– Desculpa, Albuquerque, eu tou jogando mal, né? Olha, o Julinho é assim magro... eu não sei que roupa ele usava quando pegaram ele... mas ele tá sempre de jeans... e tênis... Olha, eu nem sei mais o que falar de Julio... O Julinho é um garoto muito bom, uma pessoa muito boa... uma personalidade tranquila... uma...

– Dama – interrompeu Albuquerque.

– É... é uma dama... mas no bom sentido... uma dama, mas um homem! Um garoto muito bom!

– Dama – Albuquerque repetiu e encheu o ar mais uma vez com a fumaça do cigarro. Sorria pelo canto da boca.

Olhando para o tabuleiro, Eustáquio entendeu a que Albuquerque se referia. Mais uma dama. O jogo estava praticamente perdido.

*****

Edna ligou mais uma vez a secretária eletrônica para poder sair. Ia à feira encontrar Maria e, quem sabe, Esmeralda, a amiga que morava no morro.

Apressada, chegou rápido à feira. Percorreu ansiosa a fila de barracas por duas vezes sem encontrar Maria. Passou por várias pechinchas imperdíveis, mas nem ligou. Até que, em frente à barraca de peixes, acabou topando com a empregada.

– Nossa, onde você estava?

– Tava esperando a senhora lá em frente à barraca do seu Nestor, ele é lá da igreja.

Edna tentou não perder tempo.

– Onde a gente acha essa sua amiga que mora no morro?

– A Esmeralda? Acho que é difícil encontrar ela agora. A feira já tá quase no fim. A Esmeralda não é de pegar xepa de feira, não.

– Se a gente não encontrar a Esmeralda aqui na feira, você me leva lá na casa dela, na favela, Maria?

– Ah, dona Edna, no morro eu não vou não, que lá eu tenho medo.

– Mas a sua amiga mora lá, ela não tem medo.

– É que ela não tem outro lugar pra morar. E adispois, o filho dela é coisa lá.

– Como coisa lá?

– Ah, num sei o que não, mas ele é importante lá.

– Importante no morro? Só se ele for traficante.

– Isso é a senhora que tá falando, num é eu! Eu disse que ele é importante, mas eu num sei se ele é esse troço que a senhora tá falando aí não. – Maria passou então a falar bem baixinho. – Eu só sei que ele tá metido nesse negócio da droga da cocaína do pó, essas coisas de bandido.

Edna também passou a falar baixinho, como se fossem duas confidentes. Percebeu que era realmente através da amiga da empregada que poderia acabar obtendo alguma informação sobre o traficante, que, se fosse tão importante como a empregada dizia, certamente saberia algo sobre Julio.

– E a sua amiga sabe que ele é bandido?

– Claro, né, dona Edna. Todo mundo sabe. É por isso que ela tá lá na igreja, pra ver se salva o garoto. Ele deve de ter mais de mil demônios dentro dele. Mas o diacho num quer de jeito nenhum ir lá na igreja pro pastor exorcizá ele.

– Ele não quer ir à igreja, é?

– Nem a senhora, né, dona Edna?

– Que isso, menina, tá me comparando a esse marginal, é?

– Calma, dona Edna, desculpa! Eu não tava comparando a senhora com o Tião Demônio, não, quem sou eu...

– Tião Demônio? É esse o nome do trafic... filho da Esmeralda? Mas ele tem demônio até no nome!

– Pra senhora ver como o bicho é ruim! Coitada da Esmeralda, não é à toa que ela passa o dia inteiro na igreja...

O plano de Edna estava funcionando com sucesso. Já sabia o nome de um traficante e que sua mãe era evangélica. Precisava arranjar um jeito de subir no morro. Mesmo um traficante perigoso devia entender a dor de uma mãe. Mesmo um sujeito com a alcunha de "Demônio" compreenderia que Edna era uma mãe sofrida à procura de seu amado filho e não negaria uma informação sobre o seu paradeiro. Para Edna a lógica maternal era universal, todos entendem e têm compaixão por mães, das sociedades mais avançadas às mais atrasadas, do mais inteligente e civilizado ser humano ao mais abjeto e ignóbil imbecil. Edna tinha certeza de que era só uma questão de conseguir conversar com o tal traficante por cinco minutos e ele entenderia tudo e a ajudaria.

Edna aguentou Maria conversando com as colegas de igreja a cada passo, conversas que continham as palavras "pastor" e "Jesus" a cada frase. Depois de vários encontros, ao final de mais uma troca de ideias evangélicas, Maria virou-se para Edna e lhe apresentou mais uma amiga.

– Dona Edna, essa é a minha amiga, a Esmeralda, aquela que a senhora tanto fala que queria conhecer. A tal que mora no morro.

Edna ficou completamente desconcertada. Já não esperava mais encontrar a tal mãe do traficante, ficou sem saber o que falar, mas sabia que não podia perder aquela oportunidade. Ficou ainda mais sem jeito quando ouviu a pergunta de Esmeralda.

– Ué, a senhora quer me conhecer só porque eu moro no morro?

– Não, Esperança, não é porque você mora no morro, é que...

– Meu nome é Esmeralda, madame...

Edna, com a ajuda de Freud, errou o nome da mulher. Tinha esperança de encontrar o filho, mas Esmeralda não era obrigada a adivinhar. Então Edna teve uma ideia repentina, não sabia se era boa ou má, e não teve tempo para analisar. O grito saiu de sua boca, chegando a assustar as duas amigas crentes.

– Costura! Costura! Costureira! – Edna procurou se acalmar. – Eu ouvi dizer que a senhora costura que é uma beleza.

Felizmente a ideia tinha sido boa. A velha costurava. Não costurava que era uma beleza, fazia o trivial, e mais ou menos. Mas já tinha costurado profissionalmente umas duas vezes. E o elogio de Edna enchia o seu coração de orgulho. Alguém procurava os seus serviços. Edna não poderia ter tido mais sorte.

– É, dona Edna, a gente faz o que pode. – Esmeralda fingiu modéstia.

– Ô menina, você caiu do céu. – Edna já era senhora de seus atos de novo. – Vamos conversar que eu estou cheia de serviço pra você.

– Mas, agora, dona Edna? Agora eu não posso. Pode ser amanhã de manhã?

– Só amanhã de manhã? – Edna decepcionou-se.

– Nossa, dona Edna, que costura tão urgente é essa que a senhora tem? – Maria entrou na conversa.

– Não se mete, Maria! – Edna irritou-se, mas logo mudou o tom para não perder a simpatia da mãe do traficante. – Tá bom, Esmeralda. Amanhã de manhã você passa lá em casa.

Edna explicou a Esmeralda onde morava e viu a mãe do traficante ir embora. Mesmo adiando sua investigação para a manhã seguinte, estava feliz. Aproveitou o finalzinho da feira para fazer algumas compras. Nem reclamou dos preços ou da qualidade dos produtos, como fazia sempre. Maria é que não estava muito satisfeita, depois de se segurar por uns cinco minutos, não aguentou e desabafou:

– Dona Edna, desculpa, mas se a senhora tem costura pra fazer, por que não pediu pra mim? E quem foi que disse pra senhora que a Esmeralda costura?

Absorta em seus pensamentos, perdida em seus novos planos, Edna nem ouviu a pergunta de Maria. Foi embora deixando a faxineira falando sozinha.

*****

Assim que chegou em casa, Edna se arrependeu de adiar sua conversa com Esmeralda para o dia seguinte. Andava de um lado para o outro da sala, sem conseguir fazer nada. Não aguentaria esperar por Esmeralda até o dia seguinte. Pra que esperar tanto? Por que Edna não podia subir no morro e achar Esmeralda? Achar a costureira na favela parecia tarefa fácil, afinal ela não era a mãe do Tião Demônio, do mandachuva, do dono do morro? Todo mundo na favela devia conhecê-la. E se Edna encontrasse Esmeralda, tinha certeza de que a convenceria a interceder a seu favor junto ao filho traficante.

Edna jogou uma roupa em cima do corpo e saiu apressada de casa, levando duas calças descosturadas como desculpa esfarrapada. Andava rápido, carregada por sua ansiedade.

Edna andou resoluta até o início da subida do morro. Então, freou suas passadas. Sentiu que alguma coisa estranha começou a acontecer no exato instante em que começou a subir a favela. Foi como se tivesse cruzado uma linha imaginária. Todas as pessoas olhavam pra ela. O clima pesava a cada passo. As caras eram de espanto, as pessoas olhavam para Edna como se ela estivesse nua, ou leprosa, ou como se fosse um ET, ou um torcedor do Vasco na torcida do Flamengo. Edna era um animal completamente fora de seu habitat natural. Mas Edna não esmoreceu, era a vida de seu filho que estava em jogo. Continuou seguindo empertigada como se uma típica senhora de classe média passeando numa favela do

Rio de Janeiro fosse a coisa mais natural do mundo. Vagava pela via principal da favela, até que resolveu entrar na primeira birosca que viu para tentar obter informações.

– Bom-dia! O senhor podia me dar uma Coca-Cola?

– Claro – respondeu o dono da birosca desconfiado –, mas a madame não acha que veio um pouco longe pra beber Coca-Cola?

Edna tremeu nas bases. Sentiu pela primeira vez desde que saíra de casa que podia estar fazendo uma besteira. Tentou se explicar. Tinha o texto decorado, na ponta da língua.

– Ah, o senhor está estranhando que eu esteja aqui na favela, mas é que eu vim trazer uma roupa pra minha costureira consertar.

– Pra costureira, é? Ahhh, sei...

– É que eu preciso com urgência do serviço e vim aqui procurar a minha costureira...

– A senhora me desculpe me intrometer, mas é que as pessoas lá de baixo quando vêm aqui em cima, nunca vêm trazer coisas, sempre vêm comprar coisas, sabe...

– Comprar coisas? Aqui? Por quê, aqui em cima é mais barato? – A ingenuidade de Edna era do tamanho do espanto do birosqueiro.

– Não, não é mais barato... Deixa pra lá... A senhora deseja mais alguma coisa?

– Ah, desejo sim. Sabe o que é, é que eu não sei direito onde é a casa da minha costureira. Será que o senhor saberia? O nome dela é Esmeralda.

– Olha, desculpa, mas existem muitas Esmeraldas aqui no morro. A senhora não sabe nada mais dela, como ela é...

– Talvez o senhor conheça o filho dela.

– Quem sabe? Como ele se chama?

– É Sebastião.

– Sebastião? – Ele pensou um pouco. – Ah, não sei não senhora. Aqui tem ainda mais Sebastião que Esmeralda.

– Talvez o senhor conheça ele pelo apelido.

– Pelo apelido pode ser, se ele for conhecido aqui no morro... Qual é o apelido do garoto?

– É Tião Demônio.

O queixo do comerciante caiu, chegou quase à altura de seu peito. Boquiaberto do jeito que estava, tinha dificuldade até para falar. Balbuciou:

– A senhora tá brincando?

– O senhor não conhece? – Edna insistia.

– Conheço, conheço, todo mundo aqui conhece!

– Ele é meio bandido, né? – Edna falou em tom de confidência.

– Meio bandido, meio. – O birosqueiro ainda estava atarantado. Sentia cheiro de encrenca no ar. Uma senhora, com toda a pinta de distinta, entra no seu bar procurando pela mãe do chefão do tráfico do morro. E agora? Dava ou não o endereço? E se aquela senhora fosse uma policial à paisana tentando prender Tião Demônio? Se ele entrega o endereço da mãe do Tião e acontece alguma coisa à mãe do bandido? E se, ao contrário, aquela senhora fosse amiga do traficante? E se o traficante ficasse irritado ao saber que ele negara a informação? E agora? Os pensamentos voavam. Entregava o endereço? Sim ou não?

– Olha, minha senhora, por que a senhora não esquece essas costuras, desce novamente o morro e finge que nunca esteve aqui? Faz isso, é melhor pra senhora. Olha, a Coca-Cola fica por conta da casa, tá?

– Mas eu não estou entendendo. O senhor então conhece o tal do Tião ou não?

O birosqueiro não conseguiu responder à pergunta porque foi interrompido pelo barulho de um tiro. E logo depois mais tiros foram ouvidos. Então uma rajada de metralhadora e gritos de terror. E mais e mais tiros. Algumas detonações pareciam vir da parte de baixo da favela e outras pareciam vir do alto do morro. Era a polícia tentando invadir mais uma vez a favela para prender Tião Demônio, sendo recepcionada à bala pela quadrilha do traficante. O birosqueiro jogou-se no chão e puxou Edna junto. Aproveitou pra dar a informação que ela tanto queria.

– A senhora está ouvindo esses barulhos, esses que vêm lá do alto do morro? Se a senhora seguir o barulho vai chegar ao endereço da sua costureira. Ela mora perto do filho.

– Que barulhão é esse?

– Tiros, minha senhora. É a polícia tentando prender o filho da sua costureira.

– Tiros de revólver? – Edna não entendia o que estava acontecendo na favela.

– Revólver, pistola, escopeta...

– Escopeta? Nossa! – Edna assustou-se. – Mas assim eles podem machucar pessoas que não têm nada a ver com isso!

– Se só machucar é lucro, minha senhora, eles podem matar!

– Nossa, eu ouvia isso lá de casa e já ficava assustada, daqui de perto é pavoroso!

O barulho parecia aumentar a cada instante. Então parou. Logo recomeçou, depois parou novamente. O som ensurdecedor ia e vinha. Quando parava, deixava um zumbido nos ouvidos. Edna começou a rezar um pai-nosso. Virou-se pro lado para fazer algum comentário com o birosqueiro, mas não o viu. Onde estava o homem? Será que ele a tinha abandonado no meio dessa guerra? Meu Deus! Mais um pai-nosso foi devidamente rezado até Edna perceber que o homem se arrastava em direção à porta da birosca. Assim que chegou, ele conseguiu fechá-la. Edna respirou aliviada e já ia se levantando, sentindo-se mais protegida, mas um berro do birosqueiro a atingiu como um soco.

– Deita, porra!

Edna cumpriu a ordem, mas sem entender direito.

– Mas a porta tá fechada!

– A senhora acha que uma porta de madeira furreca como essa vai segurar um tirambaço de metralhadora? A senhora acha que as balas batem na porta antes de entrar? A senhora acha...

– Tá bom, tá bom, eu já entendi! O senhor não precisa ficar me tratando como uma idiota o tempo todo! Aliás, se a porta não nos protege, pra que o senhor se deu ao trabalho de fechá-la?

– Pra ver se ninguém entra aqui. Se a polícia resolve usar a minha birosca de trincheira a gente tá fu... – Antes de soltar o palavrão o birosqueiro lembrou-se que falava com uma madame e resolveu respeitá-la. – A gente tá perdido – completou a frase.

A polícia não parecia ter o mesmo respeito com a presença da madame na favela e continuou sua ação. A explosão de uma bomba obrigou Edna a se espremer debaixo do balcão da birosca.

– Ai, meu Deus! O que é isso? Uma bomba?

– Bomba de gás lacrimogêneo. A polícia deve estar invadindo algum barraco.

Edna mudou o repertório de suas rezas, passou a rezar uma ave-maria. O pai-nosso já tinha dado o que tinha que dar. Uma lágrima ameaçava desabar de seu olho, mas Edna tentava manter o controle. O sangue-frio acabou ao final de uma rajada de metralhadora e o choro veio copioso. A série de ave-marias continuou ao som da orquestra de tiros que tocava lá fora. A saraivada de rezas só foi interrompida no momento em que a porta do barraco começou a se abrir. Edna e o birosqueiro viram alguém entrando sorrateiramente na birosca. Será que a reza tinha funcionado? Seria o salvador?

O "salvador" era um negro magrinho, raquítico, vestido apenas com um calção e um boné do Chicago Bulls. Um Michael Jordan do terceiro mundo. Trazia consigo duas sacolas de supermercado e se arrastava com dificuldade, a perna vermelha de sangue.

O birosqueiro viu aquela figura dentro de seu estabelecimento e não conteve um grito:

– Meu Deus! Tião Demônio! – Desesperado, ele sumiu, correndo porta afora, batendo algum recorde mundial de velocidade.

Edna ficou sozinha na birosca com o bandido. Seu cérebro funcionava no intervalo dos tiros. Meu Deus, então esse é o Tião Demônio! E agora o que eu faço? Se o birosqueiro tem tanto medo desse negrinho deve ter uma razão. Mas ele é tão raquítico! Que coisa estranha! Será que eu devo fugir também?

Tião Demônio se arrastou até debaixo do balcão, ficou frente a frente com Edna.

– Aí, minha tia, biquinho calado, senão eu te furo.

– Te furo? Como assim?

– Quietinha! – Tião gritou mostrando uma faca.

Edna entendeu e ficou quieta. Mas seus pensamentos teimavam em continuar fazendo barulho. Ela não queria falar com o Tião? Tudo bem, talvez essa não fosse a melhor hora, mas era uma ótima oportunidade.

Mas como falar com aquele marginal que queria "furá-la"? Edna despejou a sua história, como uma metralhadora, sem vírgulas, sem pontos, sem intervalos, sem dar chance a Tião de mostrar por que era Demônio.

– Seu Tião eu tava mesmo procurando sua mãe dona Esmeralda eu estava trazendo umas roupas pra dona Esmeralda costurar mas já que encontrei o senhor eu queria falar com o senhor sobre meu filho é que meu filho foi sequestrado eu sei que não foi o senhor mas pode ter sido um amigo seu quem sabe o senhor conhece a pessoa que tá com meu filho quem sabe podia falar pro seu amigo pra soltar o meu filho eu sei que isso não é normal mas é que eu sou mãe e o senhor sabe como é que é mãe eu não sei quanto tempo mais vou aguentar sem notícias do meu filho se o senhor souber alguma coisa qualquer coisinha sobre o sequestro do meu filho o nome dele é Julio Silveira eu sei que o senhor...

– Peraí, peraí, peraí! Que porra de história é essa de procurar minha mãe pra sequestrar seu filho?

Edna sentiu que falar de dona Esmeralda foi uma boa tática. Tião parecia se interessar por sua história ao ouvir o nome da mãe. E, pelo jeito, desistira de furá-la.

– É que eu vim aqui no morro pra entregar umas costuras pra sua mãe, dona Esmeralda...

– Costura pra minha mãe?

– É, sua mãe vai fazer esse trabalhinho pra mim... são só umas costurinhas...

– Puta que pariu! Já falei pra velha pra ela num arrumar trampo! Pô, mas a velha não muda. Eu dou tudo pra ela, casa, comida, videocassete pra ela gravar a novela, tá ligado! Dou até grana praquele pastor boiola que ela gosta e ela insiste em trabalhar. Que saco!

Edna sentiu que o marginal respeitava a mãe, era bom insistir. Edna sacou de sua psicologia de almanaque e descarregou:

– Trabalhar é bom pra ela. Trabalhar é bom pro amor-próprio dela. Ela se sente útil...

– Útil é o caralho, porra! Pra que ser útil? A velha tá velha paca, já não tá mais na idade de ser útil.

– Mas, meu filho, eu também sou velha e sei: sempre é bom se sentir útil...

Os barulhos dos tiros voltaram lembrando que lá fora uma guerra os espreitava. E o pior, o alvo estava ali, naquele barraco. Tião olhou para aquela senhora ao seu lado e a primeira ideia que lhe veio à cabeça foi usá-la como escudo pra fugir. Mas antes de agir resolveu perguntar:

– A madame é amiga da minha mãe?

– É... sou... quer dizer... a Esmeralda costuma costurar umas roupinhas pra mim... – Edna aumentou um pouco a história.

– Puta que pariu! – Tião rosnou. – Não posso pegar uma amiga da velha de refém! Só faltava essa, caralho! – Tião parecia ter mais medo da mãe do que da polícia.

– Que história é essa de sequestro que minha mãe tá metida, dona?

– Não é sua mãe não! Que isso? Sua mãe é uma senhora direita... É meu filho, seu Tião, ele foi sequestrado e, quem sabe, o senhor sabe alguma coisa...

– Ah, seu filho foi sequestrado! Eu tava mesmo estranhando essa história da minha mãe ajudar a senhora a sequestrar seu filho. Minha mãe não gosta dessas paradas sujas...

– Que isso, seu Tião, imagina se eu vou sequestrar meu próprio filho. Alguém é que sequestrou ele... É, seu Tião, quem sabe foi um colega seu. O senhor podia explicar pra ele que a mãe da vítima era freguesa da sua mãe...

– Freguesa da minha mãe. Sei.

Aquela história ocupava toda a capacidade de armazenamento do cérebro de Tião, que assim não conseguia pensar em uma tática para escapar ao cerco policial. Uma bomba de gás explodiu, fazendo um estrondo tão grande que Tião percebeu que a polícia estava se aproximando. Sua perna sangrava muito e doía bastante, impedindo-o de correr. Dessa vez não tinha escapatória. Tião já sabia que seria pego a qualquer momento, mas antes precisava esconder as duas sacolas de supermercado que trazia, não podia deixar 20 lindos quilinhos de pó caírem nas mãos dos canas. O lance era malocar em algum lugar. Depois da temporada que certamente passaria numa penitenciária, voltaria para pegar a parada. Mas onde esconder? A polícia ia revirar tudo e acharia de qualquer jeito. "Puta que pariu! Vinte quilos maravilhosos! Que merda!" Tião olhou para Edna, aquela cara de senhora de classe média, aquela cara de esposa do Rotary, quem desconfiaria dela?

– Dona, eu sei onde tá seu filho!

– Onde? Onde? Onde? – Edna exultou, abriu um sorriso de orelha a orelha..

– Calma! Eu sei onde ele está, mas não vou dizer agora. A senhora vai ter que me dar algo em troca.

Edna calou o sorriso.

– O quê?

– O que eu quero é que a senhora pegue essas sacolas de supermercado e guarde direitinho na sua casa.

– Só isso?

– Só isso. Quando eu for pegar a parada, eu falo onde tá o seu filho.

– Quanto tempo vai demorar?

– Ah, é coisa rápida. A senhora faz o seguinte: Sai de fininho pela porta e entra no primeiro barraco que der pra entrar. Aí a senhora espera parar essa barulheira e depois vai tranquila pra casa. Pode ficar *relax*, rapidinho seu filho vai estar de volta.

– O senhor tem um papel pra eu escrever o meu endereço? – Edna se preocupava com os detalhes da negociação.

– Eu não posso escrever que a polícia se me pegar pega o endereço. A senhora num mora em Ipanema?

– É, perto aqui do morro, ali na Nascimento Silva... perto da favela... sua mãe sabe onde é...

– Então pode deixar que eu acho a senhora. – Tião tinha quase certeza de que a madame não tocaria no conteúdo das sacolas. A chance de rever a droga era grande.

Edna seguiu à risca as instruções de Tião. Esperou um intervalo nos tiros, pegou as sacolas e saiu da birosca. Entrou no primeiro barraco que viu, largou as sacolas no chão. Nossa, como eram pesadas! O que será que Tião carregava ali? Chumbo?

O tiroteio só parou uma hora depois, quando Edna ouviu os policiais triunfantes gritarem:

– Pegamos Tião Demônio! Pegamos Tião Demônio!

A polícia deixou a favela, mas os estragos daquela pequena guerra permaneceram. Edna saiu do pesadelo direto pra casa. Com as sacolas de supermercado na mão.

5

Edna quase não conseguia carregar as duas sacolas de supermercado. Elas pesavam tanto, que a cada 10 metros Edna parava e as pousava no chão para descansar os braços. Só a perspectiva de ter uma pista do paradeiro do filho não a fez desistir. Estava feliz e com raiva ao mesmo tempo. Feliz por vislumbrar a volta de Julinho e com raiva daquele policial que garantiu que seu filho não foi sequestrado.

"Então Julinho não foi sequestrado! Tá bom! Ora, se um traficante disse que sim! Um Tra-fi-can-te! E mais! O marginal prometeu devolver o Julinho. De graça! Pra que polícia, meu Deus, pra quê? Aquele policial com nome escrito errado não passa de um chacinador, corrupto, vendido!" Edna não tinha nenhum motivo para acusar o detetive Jilberto desses crimes, mas era o lugar-comum em termos de xingamento de policiais. "Um cidadão agora tem que resolver seus casos sozinho. A que ponto chegamos!" Edna lembrava que o passaporte da liberdade de seu filho estava em suas mãos e apertava as alças das sacolas com toda a força. Defenderia a posse daquelas sacolas, e do que dentro houvesse, com a vida.

Edna chegou em casa esbaforida. A garantia da vida de seu filho estava a salvo, mas o que fazer com as sacolas? Onde guardá-las? Era melhor abrir os pacotes ou não saber o conteúdo? E o marido? Devia contar a ele sobre as sacolas?

Mais confusa ficou quando Eustáquio entrou em casa e antes que Edna descobrisse algum local para esconder as sacolas, perguntou:

– Que sacolas são essas, você fez compras?

– Não! Quer dizer, sim! Fiz umas comprinhas...

– Ah, tá! – Eustáquio já tinha dado por terminada sua conversação com a esposa quando reparou melhor na sacola de compras.

– Bom Barato! Que diabo de supermercado é esse que você tá fazendo compras agora? Bom Barato! Eu não conheço.

Edna não tinha reparado ainda nos detalhes das sacolas. Agora ela lia com atenção os dizeres estampados na sacola: "Bom Barato. O supermercado bom e barato!" O slogan também era bom e barato. Edna nunca ouvira falar daquele supermercado. Que lugar era esse onde o diabo do traficante fazia suas compras?

– É um supermercado novo... é... que abriu... quer dizer... inaugurou há pouco tempo aqui perto.

– Aqui perto? Eu não conheço...

A desculpa não seria tão ruim se Eustáquio não estivesse aposentado. Ele conhecia a vizinhança melhor do que ela. Edna nem tentou sustentar a mentira.

– Eustáquio, senta aqui. Eu vou te contar o que aconteceu comigo agora à tarde.

Edna não sabia como começar a contar sua aventura.

– E aí Edna. Estou esperando.

– Olha Eustáquio, eu não aguentava mais ficar esperando cair do céu a solução desse... desse sumiço de nosso filho. Eu resolvi agir por conta própria.

Eustáquio exasperou-se, seus olhos arregalaram-se.

– Por conta própria? Como assim?

Edna respirou fundo.

– Eu fui procurar os traficantes.

– Você foi procurar os traficantes? Você tá maluca, Edna!

– Ué, o seu irmão não disse que eram os traficantes os culpados pelo sequestro do nosso filho?

– Mas, Edna, mas nós nem sabemos se isso é verdade, se foram mesmo os traficantes que sequestraram o Julinho...

– Foram sim, foram sim! O Tião Demônio me confirmou.

– Quem é Tião Demônio?

– Tião Demônio, Eustáquio, é o chefe dos traficantes dessa favela aí em frente da nossa janela.

– Você falou com o chefe dos traficantes dessa favela? Você enlouqueceu? – Eustáquio estava cada vez mais assustado.

Edna então contou sua aventura detalhe por detalhe, desde o encontro com a mãe do traficante na feira, até a sua chegada com as sacolas em casa. Se um marciano entrasse pela janela e dançasse um tango com a geladeira, Eustáquio ficaria menos pasmo do que ficou ao ouvir o relato de sua mulher. Estava completamente sem fala. Assim que conseguiu emitir algum som, fez a mesma pergunta que Edna vinha fazendo desde que entrou em casa.

– E agora, o que a gente faz?

– Não tenho a menor ideia. Quer dizer, acho que a gente deve fazer o que o Tião Demônio pediu. A gente guarda as sacolas e espera ele voltar.

– Edna, você sabe o que tem dentro dessa sacola?

– Não. Você acha que a gente devia ver?

Eustáquio respondeu com ação. Pegou uma das sacolas e começou a retirar o seu conteúdo. Tirou um pacote embrulhado com papel pardo, depois outro pacote igual, e mais outro. Eram dez os pacotes, todos do mesmo tamanho e mais ou menos com o mesmo peso. Pegou um dos pacotes, colocou-o em cima da mesa da sala e com uma faca furou o papel da embalagem. Um pó branco derramou-se sobre a mesa. Eles olharam atônitos para o pó branco.

– O que é isso? – Eles fizeram juntos a pergunta.

Sabiam pelo cinema ou pela televisão que maconha era um cigarrinho enrolado manualmente e que cocaína era um pó branco, mas nunca tinham sido apresentados pessoalmente a nenhuma droga. Agora estavam ali frente a frente com uma quantidade considerável de cocaína.

– Mas como a gente vai ter certeza de que isso é cocaína? – Eustáquio perguntou.

– Sei lá... provando...

– Você tá maluca, Edna? Vê se eu vou provar cocaína!

– Que que tem?

– Que que tem! Eu, um militar, um major do Exército brasileiro, tomando cocaína!

– Shhhh! Fala baixo!

Mas Eustáquio continuou falando cada vez mais alto.

– Agora eu tenho que tomar cocaína! Olha só a que ponto cheguei! Minha mulher sobe o morro, fala com o traficante, que entrega a ela toneladas de cocaína...

– Toneladas não! – Agora Edna é que gritava.

– Toneladas não, quilos! Faz a maior diferença! Não são toneladas de cocaína, são apenas uns quilinhos de cocaína. São só 10 ou 20 quilos! Vinte quilos de feijão? Não. De arroz? Não. Vinte quilos de quê? De cocaína! Aaaaahh, boooommmmm! São só 20 ou 30 quilinhos de cocaína. Ufa, que susto, eu pensei que eram 20 ou 30 quilos de alface! Mas são 20 quilinhos de cocaína, então tudo certo...

– Não me venha com ironias...

Edna não conseguia contra-argumentar. Eustáquio parecia tomado por uma entidade faladora. Desandou a discursar, falava sem parar. Parecia ter cheirado o pó.

– Não, seu delegado, era só um saquinho com 20 quilinhos de cocaína! Ah, bom, minha senhora, então a senhora está liberada...

– Eustáquio, quer falar baixo! – Edna já tinha desistido de tentar discutir, agora queria apenas que os vizinhos não participassem da conversa. – Você quer que todo o prédio saiba!

O argumento de Edna funcionou em parte, pois Eustáquio continuou o seu discurso num tom mais baixo.

– Agora minha mulher quer que eu prove cocaína! Eu, um militar, um major do Exército! Da reserva remunerada, mas ainda um major! Um soldado da pátria fumando, injetando, provando, cheirando ou sei lá como é que se faz pra tomar cocaína! Puta que o pariu!

– Olha o palavrão!

– Ah, palavrão não pode! Não se deve falar palavrão quando se toma cocaína, é falta de educação!

– Eustáquio, agora já chega! Eu já estou cansada das suas ironias! – O grito foi tão estridente que calou o marido. Edna engatou a segunda falando mais baixo. – Eu fui lá no morro sim. Falei com o traficante, sim. Sabe por quê? Porque o nosso filho sumiu! Você se lembra disso? Nosso filho! Meu, seu, nosso filho foi sequestrado! E enquanto você ficava aí parado como um dois de paus, eu, Edna de Lima Silveira, agia! Eu saí do lugar, não fiquei parada que nem você! Eu fui atrás dos sequestradores do meu filho, sim! E não estou nem aí se precisar falar com traficante, bicheiro, gângster, assassino, eu falo com qualquer um pra rever meu filho!

Edna fez uma pausa para limpar as lágrimas que salgavam suas palavras.

– Agora, se nós estamos aí com 10, 15 ou 20 quilos de cocaína em casa, é porque eu estava certa. O traficante sabe onde o nosso filho está, senão ele não me dava essa cocaína toda aí! Esses pacotes vão nos levar ao lugar onde está nosso filho! Eu tenho certeza que o Tião Demônio vai voltar pra buscar sua cocaína e quando vier vai trazer notícias de nosso filho. Eu tenho certeza! Eu, como mãe, tenho certeza!

Edna caiu num choro tão estridente que Eustáquio teve que consolá-la. A discussão terminou e a conversa voltou ao ponto de partida.

– Nós precisamos ter certeza de que isso é mesmo cocaína.

– Mas, Edna, eu não conheço cocaína. Como é que eu vou saber se isso é ou não essa droga?

– Prova, Eustáquio, com o dedo. Se for outra coisa você vai saber logo. Depois eu não acho que uma pitadinha pode te fazer mal.

Eustáquio abriu o pacote, enfiou a mão e sujou levemente seu dedo. Levou-o até a boca e, hesitando bastante, tocou muito levemente o dedo na língua. Tão de leve que se fosse açúcar ele não perceberia.

– Prova direito, Eustáquio. É importante.

Eustáquio hesitou mais um pouco e acabou lambendo o dedo.

– Edna, isso não é açúcar nem sal. Também não é farinha. Eu não conheço esse sabor.

– Será que é cocaína?

– Não sei! Eu nunca provei, como é que vou saber?

– Você acha que tá... assim... assim...

– Assim como, mulher?

– Ah, sei lá, meio doidão?

– Não sei. Acho que não, como é que a gente fica doidão?

– Sei lá. Você tá delirando, vendo tudo azul ou cor-de-rosa?

– Não. Quer dizer, acho que não. Acho que tá tudo normal...

– Talvez você devesse provar mais um pouco, e se tiver algum efeito...

Eustáquio ficou nervoso:

– Eu não vou provar mais nada! Eu não sei se estou doidão ou não, mas não vou provar mais! Chega! Assunto encerrado! – Eustáquio saiu meio cambaleante da sala, em direção ao seu quarto. Gritava sem parar, apopléctico. – Eu não vou virar um toxicômano só pra saber que pó é esse! Não é sal, não é açúcar, mas se for cocaína eu posso ficar viciado! Pode ser uma viagem sem volta! Eu me recuso a virar um drogado, um cocainômano, um viciado em drogas pesadas. Eu posso até já estar viciado nessa porcaria! E sem nem mesmo saber do que se trata! Um viciado em não-sei-o-quê! Um não-sei-o-que-ômano!

Edna permaneceu na sala, olhando para os pacotes de Tião Demônio e ouvindo o marido, que do quarto, agitadíssimo, continuava a gritar. Pelo jeito aquele pó branco devia ser mesmo algum tipo de droga. Mas como ter certeza?

*****

Sílvio encontrava os amigos numa rua sem saída de Copacabana. Sentados na calçada que ficava no final da rua, Sílvio e companhia costumavam ficar horas a fio fumando e conversando sobre seus baseados. A conversa não era das mais profundas, quando pintava fumo de boa qualidade se falava bem dele, quando era de má qualidade se falava mal e quando não havia se falava da "seca". Quando alguém era pego pela polícia virava assunto para, invariavelmente, ser considerado um bundão. Poucas vezes o tema da conversa saía da maconha, e quando isso acontecia, variava entre o futebol, mas só às segundas-feiras depois da rodada do campeonato, e mulher, quando pintava, ou seja, quase nunca.

Quando Sílvio chegou o papo era sobre futebol, mas acabou assim que ele apresentou um baseado.

– Tu tem maconha? Que beleza, hein! A gente tá na maior fissura aqui. Que bagulho é esse?

– Consegui com o Zeca. – Sílvio já trouxe o baseado enrolado de casa. Deu um trago e passou aos amigos.

– Ih, se é do Zeca, então é mais ou menos. O cara é o rei da palha!

– É palha, mas é melhor do que nada!

– Quanto tu pagou nessa parada?

– Cara, quer saber, eu nem paguei ainda. O Zeca tá até meio puto comigo. O filho da puta ligou lá pra casa e deixou um recadinho escroto, rapá!

– Te cobrando?

Os três maconheiros estavam tão entretidos, fumando seus baseados, que não perceberam a chegada do cobrador em pessoa.

– Eu sabia que ia te encontrar aqui, Sílvio! Que que tão falando de mim aí? – Zeca perguntou agressivo.

– Não tamo falando de você não, meu irmão. – Um dos maconheiros tentou apaziguar. Não adiantou, Zeca continuou no ataque. O dedo apontado era o centroavante.

– Eu ouvi meu nome aí no meio da conversa. Que que cês tão falando de mim aí pelas minhas costas?

– Calma, rapá! A gente só fala pelas costas quando tá comendo um rabo! – Um dos maconheiros mandou a piada e caiu na gargalhada.

– Boa essa! Maior sutileza! – O outro emaconhado se contorcia dando risada.

Zeca continuou sério, olhando duro para Sílvio, que não riu da piada. Os dois companheiros logo perceberam que o clima não era para graça e pararam de rir.

– Eu vou falar pela frente, ô filhote de Bob Marley. – Zeca olhou fixamente para Sílvio. – Você tá aí fumando maconha com os amiguinhos numa boa, mas essa parada que você tá fumando é minha. Se tu tivesse pago a parada, era sua, mas como não pagou, ela é minha! Tu tá me devendo uma grana e eu tou de saco cheio de esperar. Eu falei pra tu me pagar em três dias. Já se passaram quatro e tu nem ligou!

– Meu telefone tá com defeito, meu irmão! – Na falta de argumentos tentou jogar uma desculpa qualquer, dando um tempo pra ver se o traficante amolecia. Só que o assunto era mais sério do que ele pensava, Zeca estava ali a serviço, para o qual trouxe até um dos seus instrumentos de trabalho: um canivete.

– É o seguinte, ô Jimmy Cliff dos pobres, tu tem até amanhã pra me pagar a grana que me deve, sacou?

Diante do canivete, o ataque de Sílvio teve que substituir Ronaldinho pelo artilheiro do Madureira.

– Que isso, Zeca, você nunca foi disso. Pô, apontar um canivete prum brother seu? Calma, cara, vamos resolver essa parada na boa.

– Na boa é o caralho! Dessa vez vai ser na ruim! Toda vez que é na boa eu me fodo! Se tu não pintar com a grana até amanhã de tarde eu vou te procurar e não vai ser com essa faquinha não. – Zeca parecia ter acabado de dar o recado, mas tinha mais. – Talvez o canivete tenha que estudar pra prova e aí eu vou te procurar com o irmão mais velho dele: aquele negócio que faz pum. Sacou?!

*****

Sílvio assustou-se com as ameaças de Zeca, nunca tinha visto o amigo traficante nervoso daquele jeito. Voltou para casa disposto a conseguir o dinheiro de qualquer maneira. Pretendia utilizar um método que já usara em outras ocasiões: procurar dinheiro ou qualquer coisa que pudesse ser transformada em dinheiro no armário dos pais, nas carteiras dos pais, debaixo da cama, em cima da estante, em qualquer buraco onde pudesse haver algo de valor. Sabia que esse método era pouco científico, financeiramente ineficaz e, obviamente, desonesto, mas às vezes dava certo. Na verdade, ele só havia conseguido êxito com esse método uma única vez, e há muito tempo, causando a demissão de uma empregada, acusada de roubo. Na segunda vez que tentou utilizar seu método, foi pego e dedurado por seu irmão, "aquele babaca metido a honesto", e Maria, "aquela crente babaca metida a honesta", acabou inocentada. Mas agora, como Julio estava sumido, quem sabe sua incursão aos tesouros paternos dava algum fruto?

Sílvio planejou sua ação. Esperaria até o horário em que seus pais invariavelmente, religiosamente, tradicionalmente, se postavam em frente à TV para assistir ao *Jornal Nacional*. Do boa-noite inicial ao boa-noite final do William Bonner, teria tempo bastante para colocar de cabeça para baixo o quarto de seus pais. Durante o noticiário, seus pais não levantariam nem para ir ao banheiro, tarefa que se preocupavam em executar antes de o programa começar.

Um pouco depois das 20 horas, enquanto o *Jornal Nacional* entrava no ar, Sílvio entrou no quarto de seus pais. Pé ante pé dirigiu-se para a mesa de cabeceira do pai, a Casa da Moeda da casa. A carteira devia estar por ali. Abriu a gaveta e remexeu tudo. Abotoaduras, medalha do Exército, carteiras de clubes vencidas, papel, moedas velhas, contas a pagar, uma entrada usada para um jogo no Maracanã, fotos três por quatro, "tudo menos a porra da carteira do velho. O filho da puta deve estar com a carteira no bolso. Quem sabe a mãe?".

Na gaveta da mesa de cabeceira da mãe havia mais bugigangas do que na do pai. Se juntasse tudo que havia nas gavetas do pai e da mãe e tentasse vender talvez conseguisse um cigarro. Sem filtro.

Sílvio se assustou com um barulho mais alto vindo da sala. Foi até a porta e tranquilizou-se: era apenas uma bomba explodindo na Palestina.

A próxima tentativa era o armário. As quatro primeiras portas que abriu ofereceram a Sílvio apenas roupas. A quinta porta guardava toalhas e lençóis. E a sexta estava trancada, sem chave. "Merda!", "Filhos da puta!", a raiva embotava sua mente. Sua cabeça emaconhada demorava para pegar, mas acabava funcionando. "É claro", pensou, "se está trancada é porque esconde alguma coisa de valor! Mas como abri-la?" Mais uma vez o excesso de *Cannabis sativa* no seu cérebro quase põe tudo a perder. Porém, uma faísca ativou seus neurônios, fazendo-o lembrar que aquele armário deveria ser como o armário de seu quarto, onde a chave de uma porta abria qualquer outra porta. Pegou nervosamente a chave da porta ao lado e a enfiou afoito na fechadura. A porta abriu. Na sala, William Bonner passava a bola para Fátima Bernardes falar sobre a Seleção Brasileira, o que dava campo para Sílvio armar sua jogada. Alguns uniformes do Exército, aposentados junto com seu pai, atrapalhavam um pouco a visão. Afastando os uniformes, ele vislumbrou o cofre de seu pai. Como havia se esquecido do cofre! Seu coração bateu mais forte. Sílvio puxou a porta do cofre sem esperanças de sucesso, mas, "felicidade!", o cofre estava aberto. Com um sorriso no rosto, Sílvio escancarou a porta do cofre para visualizar seu interior. Nada! Nada, nem dólar, nem joias, nem ouro, nem moedas, nem ações, nada, só vento! O coração acelerado de Sílvio freou bruscamente. Era o fracasso, o fim de sua expedição!

Sílvio viu a imagem da arma de Zeca, imaginou uma faca entrando em sua barriga. Começou ali mesmo a planejar sua fuga, seu exílio. O desespero tomou conta de seu corpo sob a forma de suor. Litros de suor. Um grito ecoou da sala. Sílvio correu até a porta do quarto e ainda ouviu o grito final do líder sindical vociferando contra a última medida do governo. Já na porta, quase desistindo, resolveu dar uma última busca. Voltou à última porta do armário. Só então percebeu as duas sacolas de supermercado ao lado do cofre. Porra, mas o que poderia haver dentro de sacolas de supermercado? Mais roupa velha? Pegou uma das sacolas, abriu-a e deparou-se com os pacotes de papel pardo. Pegou um pacote, rasgou um pedaço e viu o pó branco escoar. Meu Deus, pensou, não pode ser! Deve ser açúcar, sal, farinha... Passou o dedo e provou o pó. "Caralho! É cocaína mesmo! Que loucura, meu irmão! O velho milico é doidão! E de pó! Puta que pariu!" Sílvio tentava entender, mas na completa impossibilidade de compreensão do que estava fazendo um pacote de cocaína no armário de um oficial da reserva do Exército, desistiu de pensar no assunto. O que importava é que havia encontrado seu tesouro, não da forma como imaginara, mas, tudo bem, "o resto que se foda!". Pegou o pacote e pensou em levá-lo inteiro, mas conteve-se. "Calma", raciocinou, "duas sacolas cheias! Deve ter mais de 20 quilos! Se eu levar uns três pacotinhos desses eu resolvo a minha parada e o pai não vai perceber a falta". Tirou todos os pacotes de uma das sacolas, amassou um jornal velho e encheu o fundo da sacola. Colocou sete pacotes de cocaína por cima e escondeu os outros três debaixo de sua blusa. Se mandou com os três pacotes de cocaína para o seu quarto. Na sala, o William e a Fátima davam o seu "Boa-noite", finalizando o telejornal. Sílvio respondeu com educação:

– Boa-noite!

*****

Sílvio sabia que com aquele pó que conseguiu no armário do pai resolveria a sua vida no momento e ainda acabaria com todos os seus problemas de abastecimento por muito tempo. Com a venda daquele pó ele podia comprar uma passagem para a felicidade, na primeira classe. Sílvio era um homem realizado! Ganhou na loteria! Tirou a sorte grande! Podia comprar maconha à vontade. Pegou os três pacotes de coca, colocou numa bolsa e rumou para a casa de Zeca.

Tocou a campainha cheio de si. Com um salvo-conduto como aquele não precisava mais ter medo do traficante. Zeca abriu a porta e nem teve tempo de esboçar qualquer reação. Sílvio foi entrando sem pedir licença.

– Não precisa mais se preocupar, que o teu pior cliente agora é o teu melhor cliente!

– Que isso, ô Bob Marley dos pobres? Tu enlouqueceu, é?

– Não, você é que vai enlouquecer quando eu te mostrar a parada que eu arrumei! Aperta um aí pro teu velho amigo!

– Só se for pra apertar o teu pescoço, ô mauricinho metido a xinxeiro! Cadê a minha grana, ô babaca? Tu esqueceu da minha ameaça?

– Não esqueci porra nenhuma, mas se você não sentar pra conversar, não apertar um charutão pra gente fazer negócio, aí eu me mando e tu vai ficar na saudade!

– Negócio? Que negócio?

Sílvio tirou os pacotes da bolsa, seus gestos eram lentos e estudados. Desempenhava um papel de fodão que havia visto algum ator de segunda fazer numa minissérie qualquer na TV. Abriu o pacote como quem abre um royal straight flush e mostrou o conteúdo a Zeca. Tentou fazer uma expressão de mau, mas a cara que o traficante fez ao ver o pó foi desconcertante. Sílvio não aguentou, perdeu a pose e desandou a rir, gargalhava de soluçar.

– Meu amigo, que cara de babaca! Es-por-ran-te!

– Tá legal, tô com a maior cara de babaca, mas agora me explica: que porra é essa? Tu nunca foi de gostar de pó, onde tu arrumou isso?

– Não interessa! – Sílvio parou de rir instantaneamente e virou novamente um homem de negócios. – Eu continuo não gostando dessa parada, meu negócio é do preto e você sabe. Então é o seguinte: quanto tu me dá por isso aqui?

– Pô, cara, sei lá...

– Pode descontar o que eu tô te devendo.

– Pô, eu não tenho a menor ideia, tenho que pesar a parada, tenho que ver a qualidade, tenho que ver se tem mistura...

– É pura, cara, eu tenho certeza!

– Como é que você sabe? Quem me garante que isso aí não é Alka-Seltzer? Aposto que se eu jogar água essa merda vai ficar efervescente!

– Joga água pra tu ver a porrada que tu vai levar! – Sílvio tentava parecer durão, esboçava um comportamento de gerente de boca, de traficante internacional, de membro do cartel de Cali, mas parecia não ter muito traquejo para qualquer um desses papéis, e muito menos levava jeito para ator. Zeca, por sua vez, também fez o seu teatro. Sentou-se confortavelmente no sofá, acendeu um cigarro, deu uma profunda tragada e aí, ele sim, assumiu a verdadeira postura de um traficante internacional mafioso, membro do cartel de Cali com ligações com o cartel de Medellín e a Camorra. Mas, assim que abriu a boca, começou a tossir, engasgado pelo cigarro, e foi imediatamente expulso de todas essas agremiações.

– Porra, Sílvio, vamos parar com essa babaquice! Me diz aí: onde você arrumou isso, quem é o teu fornecedor?

– Rapaz, eu vou abrir o jogo, mas você não vai acreditar.

– Fala logo, porra! Para de mistério!

– Eu não sei!

– Como não sabe?! Vai dizer que esse pó pintou de repente na sua casa?

– Isso mesmo!

Zeca levantou-se, puto da vida, e desandou a falar andando.

– Puta que pariu! Porra, diz que não pode dizer, que jurou segredo, diz que vai morrer se falar, diz qualquer merda, mas essa de pintou, apareceu, rolou, é foda!

– Mas é isso mesmo! Tava lá, de bobeira, no armário do meu velho!

Zeca pegou o pacote e pesou numa balança que usava para os seus negócios. Fez o mesmo com os outros dois pacotes. A cada pesagem a sua cara de assustado ficava mais evidente.

– Caralho! Aqui tem quase 3 quilos! Dois, novecentos e vinte!

– É que deve ter caído algum lá no armário do velho quando eu abri.

– Três quilos, mano! Como é que essa cocaína toda foi parar no armário do teu pai! Um milico de direita linha-dura?

– Meu pai não é linha-dura, nem de direita. – Sílvio sentiu uma estranha necessidade de defender as convicções políticas de seu pai.

– Ah, é verdade! A gorilada da ditadura não cheirava coca! Teu pai deve ser um milico comuna cheirador e doidão! Só faltava essa...

Sílvio encheu o saco daquele interrogatório sobre seu pai.

– Ó, é o seguinte, se tu quer acreditar, acredita, se não, foda-se! E tem mais: no armário do velho não tinha só isso aí, não. Tinha mais, falou! Tinha uns vinte pacotes desses!

Zeca ficou tão espantado que caiu sentado no sofá. Boquiaberto, completamente babaca.

– Caralho! Se cada pacote desses tem um quilo, então tem uns 20 quilos no armário do gorila!

– Aí, hein! Tu é bom em matemática!

Zeca nem escutou a brincadeira do amigo. Pasmo, repetia a quantidade sem parar.

– Vinte quilos! Vinte quilos! Vinte quilos! Caralho! Você acha que teu velho tá cheirando ou... sei lá, vendendo?

– Ah, meu irmão, sei lá. O velho é caretaço, nunca fumou nem cigarro, nunca fez nada de errado na vida, se bobear nem falsificou carteirinha pra entrar no cinema quando era garoto.

– E tua mãe?

– Que que tem minha mãe? Não mete minha mãe no meio que eu meto no meio da tua mãe!

– Tua mãe sabe dessa parada?

– Sei lá, porra! Ó, vamo parar com essa falação, falou? Não quero nem saber por que tinha essa parada no armário dos velhos. Vai ver eles nem sabiam dessa porra! Vai ver é a empregada que tá vendendo pra igreja dela! Sei lá, porra! E nem quero saber, falou! Olha só, tu quer comprar? Quer comprar, compra, não quer, eu vou vender pra outro!

– Não, eu quero, mas... eu tou bobo, cara! Quem diria, hein, teu pai, aquele velho todo duro, todo certinho... vendendo essa parada!

– Puta que pariu, mas tu é chato pra caralho! Meu velho não tá vendendo porra nenhuma, ele só pensa no sumiço do Julinho. É Julinho pra cá, Julinho pra lá... Ó, faz o seguinte: tu fica aí com essa parada, vê quanto custa, e amanhã eu passo aí pra pegar a grana. No meio da grana tu bota uns 200... não, 500 gramas de maconha, falou? Da boa, hein, tou confiando em você!

– Eu já falhei contigo, maninho?

– Já, umas vinte vezes.

– Tudo bem, como você já me deu cano umas vinte vezes, tamos empatados. Agora, deixa eu te explicar umas paradinhas. Primeiro: tu me deve uma grana, vou descontar. Segundo: tu acha que eu vou vender sem comissão? Meio a meio na parada.

– Meio a meio? Deixa de ser filho da puta!

– É pegar ou largar. Não quer, dá a branquinha pra outro vender.

Sílvio pensou um pouco. Não achava que a negociação ia ser tão difícil. Topou. Saiu feliz, sonhando com um novo porvir farto de maconha e discos de *reggae*.

Zeca continuou sentado por mais uns dez minutos.

– Vinte quilos! Caralho!

6

Logo ao acordar, antes de preparar o café da manhã, antes mesmo de reclamar que o marido colocou o copo d'água direto na madeira, que ia manchar a mesinha de cabeceira, que toda noite ela tinha que lembrar isso a ele, enfim, antes de fazer todas as suas tarefas matinais, Edna foi até o quarto de Sílvio.

O rapaz ainda dormia. Edna sentou-se em sua cama. Olhou para o filho como não fazia há alguns anos. Nossa, tão bonitinho ele era quando pequeno, e de repente virou aquele rapagão, cheio de barba, cabelos pelo corpo e espinhas na cara. O que lhe chamava mais a atenção eram os cabelos pelo corpo. Cada fio de cabelo parecia um ano que passara. "Que coisa, hein!" O que afasta um filho homem de uma mãe, definitivamente, são os cabelos no corpo. Um homem deitado ali, um homem! E no entanto, era seu filho. Antes que começasse a remoer os pensamentos, lembrando que aquele um metro e setenta e cinco de testosterona havia saído de seu ventre, Edna resolveu trabalhar, o momento era de ação.

– Acorda, Sílvio, acorda!... Sílvio... acorda, menino!

– Que isso, mãe? Que horas são?

– Sete horas.

– Porra, mãe, eu não tenho aula hoje...

– Até parece que se tivesse aula você ia acordar.

A resignação da mãe também era uma marca do tempo. Já ia longe a época em que Edna se preocupava com o horário do filho, com as aulas do filho, com os palavrões, com os amigos, com a vida dele.

– Acorda, menino, que eu preciso conversar com você.

– Conversar o que a essa hora?

– Um assunto muito sério, meu filho! É sobre o seu irmão...

– O babaca apareceu?

– Sílvio! Isso é jeito de falar? – Edna irritou-se. – O Julio é seu irmão! Sangue do teu sangue! Será que você não está nem um pouco preocupado com ele? Será possível que você não liga pro que pode ter acontecido com o teu irmão?

– Tá bom, mãe, eu ligo. Já sei que ele não apareceu. Ele deve estar viajando, mãe! O que a senhora acha que aconteceu com o meu querido irmãozinho?

– O seu querido irmãozinho está sequestrado na mão de traficantes, Sílvio!

– Que traficantes, mãe... Quem te botou isso na cabeça?

– Eu sei... quer dizer, eu desconfiava, mas agora eu tenho certeza.

– Certeza, mãe? Quem descobriu isso, a polícia?

– Não, eu descobri. Eu conversei com o Tião Demônio, foi ele que me contou tudo!

Sílvio deu um pulo da cama, tão alto que quase precisou de paraquedas.

– Tião Demônio! Você falou com o chefe do tráfico do morro?

– Falei.

– Como?

– Ora, eu subi no morro e falei com ele.

– Você falou com o Tião Demônio, o bandido mais barra-pesada da região? – Sílvio não conseguia acreditar.

– É, qual é o problema?

– O problema, mãe? O problema é que esse cara é do mal! Ele já matou mais de cem! O cara não se chama Demônio de brincadeira.

– Achei ele um rapaz bem tranquilo, preocupado com a mãe...

Sílvio começou então a ligar as coisas. Se a mãe falou mesmo com Tião Demônio, se Tião era um traficante, se ele fazia transações com cocaína, então isso talvez pudesse explicar a cocaína no armário.

– Caraca! Então a cocaína que eu achei no armário...

– Então aquele pó branco é cocaína mesmo! – Edna até sorriu. Não esperava ter a resposta para a sua pergunta tão cedo.

– Peraí, Sílvio, como é que você sabe de uma coisa que está no meu armário? Você andou mexendo no meu armário?

– Peraí, mãe, parece que o seu crime é maior que o meu. Mexer no armário não é nada quando se acha cocaína dentro. O que você tá fazendo com cocaína no armário, mãe? Tu virou trafica, mãe?

– Que isso, meu filho? Respeito! Eu nem sabia que aquilo era cocaína! Foi justamente isso que eu vim fazer aqui. Eu queria saber o que era aquilo.

– Olha, mãe, tudo bem que eu sempre fui enrolado, sempre armei umas paradas estranhas, que você e o pai nunca sacaram direito. Mas essa tua história é campeã, mãe! Como é que aquele pó foi parar ali? Você sabia que ali tem uns 20 quilos de coca purinha, de dar inveja a traficante colombiano?

– Bom, eu vou te explicar. – Edna contou ao filho sua aventura no morro, sua conversa com o pai, sua dúvida sobre o conteúdo das sacolas, tudo muito bem explicado e com diversas fugas do assunto para comentar sobre a favela, a miséria, a faxineira, a mãe do traficante, a pobreza e, principalmente, a preocupação do marginal com a mãe, que ela achou muito comovente. Sílvio ouviu atentamente todo o relato, não prestava tanta atenção a alguma coisa por mais de cinco minutos há anos. Ao final, Sílvio tinha uma dúvida:

– Mas mãe, a senhora disse que o Tião foi preso?

– Eu só saí do morro depois que os policiais prenderam ele. Na verdade eu ainda esperei uma hora até sair de onde eu estava. Foi horrível!

– Mas se ele está preso, como é que ele vem aqui pegar a parada?

– Ah, Sílvio, eu não sei, eu acho que ele vai me ligar lá da cadeia, esses bandidos vivem falando pelo celular. E depois eles fogem muito fácil da cadeia, toda hora tem fuga, a gente vê nos jornais.

– Mas, mãe, você tá confiando num bandido preso!

– Em quem eu vou confiar? – Edna ia começar o seu choro crônico, quando o pai entrou no quarto. O silêncio entrou junto com Eustáquio e ficou por ali uns dois minutos. Ninguém sabia o que dizer. Até que Eustáquio tomou a iniciativa de expulsar o silêncio do quarto.

– Eu ouvi muito bem a conversa de vocês. Ouvi pelo menos três vezes a palavra cocaína! – Eustáquio se fazia de duro, mas seu semblante não conseguia esconder a curiosidade pela resposta à pergunta que ele sabia que Edna tinha feito a Sílvio.

– É cocaína mesmo, Eustáquio. – Edna respondeu antes que fosse questionada. Aproveitou o embalo e relatou para Eustáquio a conversa que teve com o filho. Contou que o filho descobriu tudo, que confirmou que o pó era mesmo cocaína, que ela contou toda a sua aventura no morro para o filho e que, inclusive, disse a ele que o traficante se preocupava muito com a sua mãe e que ela achava aquilo muito comovente.

Sílvio interrompeu o relato de sua mãe com a pergunta que todos faziam.

– E o que vocês vão fazer agora?

O silêncio entrou novamente no quarto e ficou por ali de bobeira. Eustáquio tratou novamente de enxotá-lo com uma decisão firme.

– Vamos entregar a droga para a polícia!

– Você tá maluco, Eustáquio! – Edna chegou a dar um pulo. – A cocaína que tá lá no armário é a única forma que nós temos de encontrar o Julinho. O Tião Demônio disse que era pra guardar as sacolas que ele ia me dizer onde o Julinho está.

– E você acredita num traficante?

– É claro, ele é traficante mas parece um bom menino, que se preocupa com a mãe... E depois, você vai entregar a sacola pra que policial? Aquele que te esnobou lá na delegacia?

Sílvio entrou na conversa:

– Aí, quero ver explicar pra polícia como a coca veio parar aqui em casa...

– Mas a gente vai ficar com essa droga aqui em casa? Até quando? Vamos devolver a droga já, para o traficante. E a gente pede para ele nos dizer onde está o Julio.

– Mas o Tião tá preso! – Sílvio tentou trazer o pai de volta à realidade.

– A gente entrega a droga prum assecla desse Tião Diabo! – Eustáquio pensou rápido.

O plano pareceu tão sensacional para Edna, que ela nem se preocupou em corrigir o nome do traficante. A ideia do marido era tudo que precisava ouvir. Uma fórmula para diminuir o tempo de seu sofrimento e encontrar o filho o quanto antes. Para Edna parecia muito simples subir novamente no morro.

– Ótima ideia, Eustáquio! Hoje mesmo eu vou...

– Não vai subir nenhum morro não! – Sílvio gritou antes que a mãe enveredasse por caminhos piores. – Porra, mãe, tu não é maluca de subir de novo o morro!

– E por que a sua mãe não deve subir o morro?

– Pô, galera, o morro é controlado pelos trafica, sacou. Os caras andam armados pra cima e pra baixo. É tudo gente ruim, gente do mal. Mamãe deu uma sorte danada quando subiu no morro da última vez. Cês acham que ela vai ter essa sorte de novo? É ruim, hein...

– E então, meu filho, você acha que eu não devo devolver aquilo pro Tião?

– É, mãe. O cara não falou que vinha aqui pegar a parada de volta? Então, é melhor fazer o que o cara falou. É melhor ficar com a parada lá no armário e esperar o Tião vir. Se tu tá dizendo que confia no Tião, então a gente vai ter que acreditar na palavra do Tião. Vamos esperar ele ligar, voltar ou dar notícias.

Há muito tempo os pais não ouviam seu filho falar por tanto tempo. E já que ele tinha tantas opiniões sobre o assunto e eles não tinham mais nenhuma, resolveram acatar o filho. O pai deu a conversa por encerrada e saiu do quarto. A mãe fez o mesmo, mas antes deu um beijo na face do filho.

Sílvio esperou uns cinco minutos, tempo que julgou suficiente para que os pais se afastassem do quarto e do assunto. Se vestiu e saiu correndo para a casa de Zeca. Precisava chegar lá a tempo de impedir que o amigo traficante vendesse a droga. Se a cocaína pertencia mesmo a Tião Demônio, era bom que não faltasse nem um grama quando o traficante voltasse para pegá-la.

*****

Sílvio correu como um louco para o apartamento de Zeca em Copacabana, mas não o encontrou em casa. Ficou esperando o amigo na portaria do prédio. Uma hora depois, Zeca chegou, andando sem pressa.

– Que demora, meu irmão! Tô aqui te esperando há um tempão! – Sílvio reclamou.

– Tá me esperando porque quer. Eu não marquei nada contigo!

– A parada é a seguinte: Tu já vendeu a parada que eu te dei?

– É claro, mané! – A resposta veio com um sorriso de orelha a orelha, o sorriso do lucro fácil, que trazia mais informações do que as palavras. Um sorriso que dizia que Zeca não só tinha vendido a droga, como provavelmente já tinha torrado todo o dinheiro. Pelo tamanho do sorriso, foram várias garrafas de uísque importado, provavelmente divididas com vários amigos vagabundos. Pela quantidade de gengiva que se mostrava na boca sorridente de Zeca, podia-se concluir que ele também deve ter socializado as putas, e que elas foram caras, e bem caras. E como o sorriso era tão amplo, que se podia até vislumbrar uma obturação em um dos incisivos, a conclusão era que a suruba foi grande e concorrida.

– Puta que pariu! – Sílvio estourou sem nem mesmo acender o pavio. – Puta que pariu, seu merda!

– Seu merda? Porra, eu consegui vender 3 quilos de cocaína em menos de uma hora! Menos de uma hora, morou! Eu sou é um gênio! Um gênio do comércio!

– Vendeu por quanto?

– Uma grana aí...

– Quanto? – Sílvio aumentou o tom de voz e Zeca sussurrou a resposta, um sussurro que respeitava qualquer lei de silêncio.

– Não quer dizer, né? Tudo bem, nem precisa dizer, tu vendeu por uma mixaria, não foi? Na sede de botar a mão na grana tu vendeu por dois caraminguás a parada, tou certo?

– Vendi mesmo, bem barato! E daí, tu ia vender? Num ia! Se encagaçou todo e me deu o pó pra vender! Eu vendi, morou! E digo mais: tu não ia conseguir nem a metade do que eu consegui porque eu tenho meus contatos, morou! Tenho os meus contatos! E tem mais: vendi barato mesmo, mas vendi tudo de uma vez! Três quilos de cocaína de uma vez só!

Sílvio não parecia intimidado com a pose de traficante internacional de Zeca.

– Pra quem tu vendeu?

– Prum cara aí...

– Um cara aí? E que história você contou pro cara aí, que o pó caiu do céu?

– Quer saber? Eu vou te dizer. Vendi prum cumpadre enturmado lá do Boréu. Eu disse pra ele que um amigo meu meio maluco trouxe aquela parada da Bolívia de ônibus na cara e na coragem. O mané acreditou na minha história, que aliás é muito mais fácil de acreditar do que a tua história maluca. O cara acreditou e me deu a grana.

– Ah, e aí você gastou tudo! Mulheres, uísque, pó! Aposto que depois de vender o pó baratinho, comprou pó caro! É um babaca!

– Qual é, meu irmão? Eu gastei o meu dinheiro! Eu gasto a minha grana como eu quiser, não tenho que ficar dando satisfação pra ninguém não, morou!

– Metade era minha, se lembra?

– A tua parte eu vou te pagar quando eu tiver, morou! Fica na sua, tu vai receber a tua parte! – Zeca estava mais calmo do que ficava em situações como essa. Em qualquer outra ocasião teria partido pra cima da pessoa que o chamasse de "babaca". Já Sílvio estava surpreendentemente nervoso para um zen-maconheiro como ele.

– Porra, meu irmão, será que você não consegue segurar uma grana nem por uma noite? Tem que gastar tudo! Gastou em quê?

– Bom, eu fiz meus investimentos, abri uma caderneta, investi nuns fundos e apliquei o resto em ações de boas empresas.

– Putas e bebidas?

– É, em outras palavras, digamos que eu comprei a baixa pra comer a alta! – Zeca riu, gargalhou com sua piada, quase caiu no chão de tanto rir. – Comprei a baixa pra comer a alta! Rá, rá, rá! Genial! Genial! Gostei dessa, muito boa! – Parou de rir ao perceber que Sílvio estava sério. – Você não gostou da piada?

– Nem um pouco. Mas peraí! Mesmo vendendo barato pra caralho, tu não ia conseguir gastar tudo com puta em um dia.

– Claro que não. A parada foi a seguinte. Eu queria vender a parada pro meu cumpadre lá do Boréu, mas eu não ia vender tudo, sacou? Ia vender só um quilo. Mas aí o cara sacou que a parada era boa, me convenceu a vender tudo, sacou?

– O cara te deu uma prensa?

– Mais ou menos.

– Tu tomou umas porradas e deu o resto do pó pro cara? – Sílvio estava ficando cada vez mais nervoso.

– Dei não. Vendi.

– Ah, vendeu. Vendeu a parada quase de graça, certo? O cara te deu quanto?

– Quanto não. O quê! O cara não tinha dinheiro assim, em espécie, entende, então ele me ofereceu um carro. Um carro maneiríssimo.

– Um carro? Roubado, é claro!

– Roubado, mas não por mim, por ele, porra! Eu não tinha como recusar, caralho! Mas, também, é um carraço! Olha ali, na esquina!

– Qual?

– Aquele vermelhão!

– Aquele Monza?

– É Monza, é? Pô, o cara me disse que era Vectra! Filho da puta!

– Filho da puta é você! Filho da puta e otário! Um otário filho da puta!

Os palavrões fizeram Zeca lembrar-se de que havia uma pequena quebra de hierarquia ali. O traficante ali, por pior que fosse, era ele, e o cliente era Sílvio. Puxou a gola da camisa de Sílvio e o ameaçou:

– Ei, moleque, tu tá muito folgado! Que porra é essa de ficar me xingando?

– E devia xingar mais, ô filho da puta! Você mesmo vai se xingar quando eu te contar de quem era aquele pó.

Assustado, Zeca largou a camisa de Sílvio. Bastou a menção do fato de que o pó tinha um dono, que provavelmente não era o pai de Sílvio, que Zeca se transformou. Seu rosto contorceu-se numa máscara de medo. Sílvio começou a rir.

– Que cara horrível! Zeca, você é um cagão! Um cagão! Nem sabe de quem é a parada e já se borrou todo.

– Não, peraí, pela tua cara o negócio é sério. – Zeca riu amarelo. – Quem era o dono do pó?

– Ah, um tal de Tião Demônio.

– Caralho! Tá de sacanagem! Esse cara é foda! É o dono da área.

– É, e você comeu a baixa e meteu na alta com a grana dele. Mas tudo bem, ele deve ser teu amigo. Você explica tudo pra ele e ele vai te entender.

De repente até sai pra passear de Monza contigo. Conta essa piada da baixa e da alta pra começar o papo. De repente ele gosta e dá mais uns quilos de pó pra você.

– Vem cá, ô viadinho! Você me meteu nessa enrascada. Agora vem cheio de piadinha...

– Você que me meteu nessa confusão! Tinha que vender tudo?

– O cara vai querer a parada dele de volta...

– Adivinhão.

– Mas tu não falou que tinha mais uns 20 quilos na sua casa?

– Tu acha que o Tião Demônio não sabe quanto ele tinha naquelas sacolas? Esses caras não gostam de perder um grama de pó! Imagine 3 quilos purinhos!

– Caralho! Quando ele descobrir nós tamo fudidos! – Zeca pensou um pouco. – E por que tu não completa o que tá faltando com outro pó branco, tipo sal ou açúcar?

– Ah, é, e quando o Tião descobrir que aquilo não é cocaína vai botar na nossa bunda com areia! Ou com o sal e açúcar que ele encontrar!

– É, o cara sabe até onde tu mora. É foda! Quando tu acha que esse cara vai voltar pra pegar a parada?

– Sei lá! Mas quando o cara aparecer lá em casa, ele vai ver que a madame que ele pediu pra tomar conta da parada dele não tomou conta. Aí ele vai encestar a minha velha, porra!

– Caralho! A gente tem que fazer alguma coisa!

Sílvio viu que se alguém tinha que pensar em uma saída, essa pessoa era ele. Não podia esperar muito do amigo.

Andaram até a praia, pensando no que fazer. Sentaram-se em um banco de frente para a areia tentando bolar algum plano.

– A gente tem que conseguir esses 3 quilos de volta. Você conhece alguém que possa te vender essa parada? – Sílvio perguntou e logo aprofundou a questão. – Quer dizer, alguém fora o seu cumpadre do Monza...

– Sei lá. Porra, minha parada sempre foi do preto. Às vezes pinta uma branquinha, mas é pouca coisa. – Zeca pensou um pouco. – Peraí, eu conheço um cara... o cara é meio barra-pesada, mas gosta de mim, a gente estudou junto no segundo ano... depois o cara foi pra parada de drogas... ficou famoso, o cara é mau pra caralho!

– Ah, o cara foi pra parada de drogas e você continuou estudando... – ironizou Sílvio.

– Estudando não, mas tu sabe que meu negócio é pequeno. O cara não, ele virou atacadista. É ligado aos grandes. Acho que dá pra tentar falar com ele. Só tem um problema. Onde a gente vai arranjar grana pra comprar essa parada?

– Sei lá!

Os dois continuaram sentados no banco na beira da praia. Sílvio pensava num jeito para conseguir o dinheiro e Zeca, cônscio de suas poucas ideias, gastava o tempo examinando as bundas que desfilavam pelo calçadão de Copacabana. Começou a fazer uma contagem, um ponto pras bundas boas e meio ponto pras mais ou menos. Passado um tempo, quando a contagem de Zeca estava em sete, Sílvio soltou um grito:

– Já sei!

– Já sabe o quê, porra?

– Já sei como arranjar a grana.

– Assaltando um banco? – brincou Zeca.

– Claro que não, ô babaca! Eu não te disse que tem coca pura lá no armário dos velhos? Então?

– Então o quê?

– A gente arruma grana do mesmo jeito que eu fiz pra te pagar o que te devia. A gente vende a parada.

– Tu tá maluco! Se a gente tá na merda justamente porque eu vendi o pó do armário! Tu parece que bebe, ô maconheiro!

– Calma, cara! A gente vai vender um pouco, só pra arranjar a grana pra recomprar a parada inteira, sacou?

– Claro que não! Tu só deu um nó na minha cabeça!

– Olha só. – Sílvio começou a explicar seu plano, animando-se a cada frase. – A gente pega uns 3 quilos da parada pura que tem lá em casa, mistura com outras paradas, você sabe, sal, açúcar, Melhoral, Sonrisal, outros pós brancos, transforma em uns 10, 12 quilos de pó. Vende tudo a preço de Zona Sul.

Então, depois que a gente vender o bastante e conseguir uma grana, a gente recompra a parada pura com seu amigo atacadista, sacou?

– Sacar, saquei, mas... tu acha que vai dar tempo de vender essa parada antes do Tião voltar?

– Sei lá! Mas a gente tem outra opção? Tu tem algum parente rico pra bancar essa parada?

– Não.

– Nem eu. Então essa é a única alternativa. A gente vende a parada batizada, torce pro Tião não voltar logo e recompra a parada pura pra devolver pro cara.

– Tu quer virar traficante, meu irmão?

– Não, eu não vou vender pra ter lucro, é só pra recuperar o pó que tá faltando!

– E onde a gente vai vender essa parada?

– No teu apê, porra!

– Ih, lá no meu apê não vai dar.

– Ih, qual é? Não vai dar por quê?

– Cara, lá... não dá! Olha, vou te explicar por que não dá pra ser no meu apê. É o seguinte: tu saca o meu prédio? É o maior pardieiro, não é verdade?

– Então, ótimo lugar pra vender a parada!

– Pois é. O prédio tem quitinete pra tudo quanto é lado, gente pra caralho morando por lá. Aquilo é a maior zona, uma bagunça fudida. Tem de tudo lá! Tem até uma oficina de moto no quinto andar, meu irmão! Os caras sobem com as motos pelo elevador, saca! Então, num prédio desses tu acha que não tem boca de fumo? Pois é, tem umas cinco bocas pelo prédio. E justo no meu andar tem uma boca, que é a maior da parada. Neguinho vende pó pra caralho lá, é o maior movimento. E o dono da boca é um sujeito mau pra caralho! O cara é foda! Mata por qualquer babaquice! Por isso eu nem pensei em vender a droga pra ele. Se esse meu vizinho traficante, o dono da boca, descobrir que a gente tá vendendo também, fazendo concorrência, a gente tá fudido!

– E como é que tu vende até hoje lá?

– Eu só vendo lá pra você, meu irmão. O único babaca que vai lá comprar é você. Normalmente eu levo as paradas pros caras.

– Caralho! – Sílvio não esperava esse entrave no seu plano. – Então como é que a gente vai fazer?

– Sei lá, porra! Não conta comigo pra ter ideia não! – Zeca era bastante honesto quanto aos seus predicados. Retomou a sua contagem de bundas, passatempo que lhe agradava bastante. Quando a contagem já passava de dez, Sílvio abriu a boca de novo.

– Engraçado, né, Zeca. Às vezes a gente procura, procura, procura uma coisa e não acha. E quando a gente vai ver, a coisa tá na sua cara e você não tinha visto.

– Tu perdeu alguma coisa?

– Não, ô babaca! Tô falando do lugar pra vender o pó batizado. A gente pensa em um monte de lugar, pensa, pensa e não vê que tem um lugar limpeza, tranquilo, onde ninguém desconfiaria de nada, e bem na nossa cara!

– E onde é isso, meu irmão?

– Lá em casa, ué!

– Tu vai abrir uma boca de fumo no apê dos velhos?

– De fumo não. De pó.

*****

Sílvio passou a noite deitado na cama fumando baseados e pensando. Como fazer as vendas ali no apartamento? Seria possível vender pó em casa sem que os pais soubessem? Talvez conseguisse convencer a mãe, mas e o pai? Eram várias perguntas e poucas respostas.

Não tinha a menor ideia de como abordar o assunto com o pai. Certamente acabaria brigando com o velho e poria tudo a perder. O major não aceitaria nunca a ideia de vender drogas em sua casa, mesmo se compreendesse que corria o risco de ter sua casa e sua família arrebentadas por um traficante enfurecido ao descobrir que 3 quilos da sua droga haviam sumido. O mais provável era que Eustáquio concluísse que devia negociar com o traficante, ou até mesmo enfrentá-lo. Não, com o pai não tinha conversa, Sílvio não podia contar seus planos para ele. Concluiu que preferia se arriscar e confiar na disciplina férrea do major Silveira. Tinha que aproveitar o fato de que o velho passava o dia inteiro fora de casa, sujeitar-se ao horário rígido de Eustáquio, que religiosamente, ou melhor, militarmente, se ausentava todas as manhãs para jogar damas em Copacabana. Então as vendas seriam feitas sempre pela manhã, ou entre as duas e seis da tarde, quando Eustáquio comparecia à reunião dos militares da reserva no Clube Militar. O major era tão pontual, que se podia acertar o relógio por suas saídas e chegadas.

Mas e a mãe? Como vender sem ela perceber, se ela passava o dia inteiro em casa? Precisava da conivência da mãe.

Sílvio acabou adormecendo, mas acordou cedo, ansioso por contar suas ideias à mãe. Continuou deitado em sua cama esperando o pai sair, aproveitando para iniciar os trabalhos matinais carburando um baseado. Fumou um fininho, não queria argumentar chapado por um charutão.

Finalmente resolveu procurar a mãe. Encontrou-a sentada na mesa do café da manhã lendo o jornal, mas a seção de esportes denunciava que não era o jornal que prendia sua atenção. Edna era daquelas que perguntava quem é a bola, odiava as transmissões de futebol. A faca de pão em sua mão esculpindo a manteiga era um sintoma claro de que seus pensamentos iam longe. Escândalos homéricos já haviam sido feitos em prol do uso correto da faca de pão. Sílvio já tinha perdido a conta dos discursos que ouvira por passar manteiga com a faca de cortar pão. Sílvio sentou-se e não foi notado.

– Mãe, a faca de pão é pra cortar pão. Manteiga é com a outra.

– Quê? – Edna assustou-se, olhou pra faca e a soltou como se tivesse levado um choque. Limpou rápido a faca de pão com um guardanapo de papel e cortou apressada um pedaço de pão, como se com isso devolvesse o uso correto à faca. Irritada, deu uma bronca sem sentido em Sílvio.

– Tira o cotovelo da mesa!

Sílvio tirou displicente o cotovelo da mesa.

– Mãe, preciso falar uma parada com a senhora.

– Uma parada?

– É, uma coisa.

– Então fala, filho, qual é o problema?

Sílvio respirou fundo antes de começar. Entrou direto no assunto.

– Mãe, sabe aquela coca que tá lá no teu armário?

– A cocaína, você tá dizendo, sei, ela é do Tião Demônio, e a gente vai esperar ele voltar pra devolver pra ele, é isso que você quer me dizer?

– Mais ou menos, mãe. É que... é que... tá faltando...

– Faltando?

– Faltando uma quantidade...

– Como assim? Você acha que o Tião queria me dar mais do que aquelas duas sacolas?

– Não, mãe. É que, antes de você me contar de quem era aquilo e essa história toda do Tião Demônio, eu peguei um pouquinho e dei prum amigo meu...

– Quando foi isso? Mas tem dois dias que aquilo tá aqui em casa! – Edna começou a perceber algo errado. – Pra que você deu aquilo prum amigo?

– Mãe, eu precisava de dinheiro, tá legal! Então eu descobri a parada no armário e vendi prum amigo, pronto! Foi isso que eu fiz!

– Você vendeu a... parada, como você diz! Aquilo ali tem dono, sabia? O Tião vai voltar aqui com notícias do seu irmão e vai querer os pacotes dele de volta. Quanto você pegou?

– Uns 3 quilos!

– Três quilos? Isso é quantos pacotes daqueles?

– Uns três pacotes daqueles.

– Pra que você queria dinheiro, menino? Não podia pedir pra mim ou pro seu pai?

– Vocês não iam me dar.

– Claro que íamos dar! – Edna começou a se desesperar. – O que você nos pede que nós não fazemos, Silvinho?

– Mãe, eu achei melhor pegar sem avisar. O que importa é que eu peguei a parada e a parada já sumiu.

– Sumiu?

– É, mãe, eu não te falei que vendi?

– E pra que você queria tanto dinheiro?

– Pra comprar umas paradas...

– Sílvio, assim não é possível uma pessoa normal te entender! Você pegou umas paradas pra comprar umas paradas? Fala português, meu filho!

– Edna estava ficando nervosa. – Você queria comprar o quê, com esse dinheiro?

– Ah, mãe, pra que você quer saber? Umas coisas minhas! Pronto!

– Agora você vai dizer! Você tem que dizer! O que você queria comprar que não podia pedir dinheiro pros seus pais e não pode dizer agora? Que parada é essa tal de parada? – Edna exaltou-se.

– Maghgddgs.

– O quê? Fala direito que eu não tô entendendo o que você tá falando!

– Macggggnha.

– O quê? – Edna gritou.

– Maconha.

Edna gelou. Havia muito tempo desconfiava do cheiro estranho que saía do quarto do filho. Havia muito não gostava dos cabelos horríveis que Sílvio insistia em usar, estranhava o filho sempre com os olhos vermelhos, às vezes meio abobado, sem dizer coisa com coisa, mas demorou para associar aquele estranho comportamento às drogas, ou, pelo menos, nunca quis associar.

Sílvio continuou, agora mais desenvolto:

– Você queria que eu pedisse dinheiro pra você pra comprar maconha?

– Maconha? Pra que você quer maconha? – Edna esforçou-se um pouco mais para tentar continuar não entendendo o que se passava com o filho.

– Pra fumar, mãe! – Sílvio gritou.

– Ah, meu Deus! – Edna começou a chorar, entremeando choro e desabafo. – Eu não aguento mais! Um filho sequestrado! O outro, maconheiro! Eu sempre desconfiei que você fazia coisas estranhas, sempre desconfiei que você usava maconha, mas, acredite, saber a verdade, pela boca do filho, é muito duro! Desconfiar é uma coisa! Ver o filho confessando o vício é difícil, viu?

– É, mãe, desculpa. – Sílvio não sabia muito bem o que dizer.

Edna respirou fundo e começou a tratar de mais esse problema familiar.

– O que a gente vai fazer?

– Bom, mãe, eu tenho um plano!

– Ah, que bom, meu filho, que você quer tentar parar de fumar maconha! Eu acho que a melhor saída é internar você numa clínica de recuperação de drogados... eu e seu pai podemos pegar nossas economias, até pedir dinheiro emprestado...

– Não, mãe! O meu plano não é pra parar de fumar maconha!

– Não? Você não quer parar?

– Quero! Quer dizer, acho que sim! Mas antes a gente tem que resolver essa outra parada.

– Que parada, meu filho? – Edna suspirou, sujeitando-se às gírias do filho.

– O lance da falta da coca. Se o Tião Demônio chega aqui amanhã e descobre que tá faltando uma parte da parada, mãe? Ele é do mal! O cara pode quebrar isso aqui tudo! Pode machucar a senhora!

– Ele não vai me machucar...

– O cara não vai nem pestanejar, *mother*! Vai esculachar geral! Esses caras só pensam nas paradas deles, eles não querem nem saber se é branco, preto, alto, baixo, velho ou criança, se o cara dá um cano, eles não tão nem aí, eles cortam dedo, batem, torturam, esculacham geral! A gente tem que recuperar a parada.

Edna não parava de pensar no filho fumando maconha, seus pensamentos não conseguiam engrenar nesse novo assunto, o traficante batendo nela. Era muita informação para sua cabeça. Ela tentava continuar falando com o filho, mas não prestava muita atenção às suas próprias palavras. Pensava uma coisa e falava outra.

– Ah, meu filho, por que você não pede pro seu amigo devolver o que você deu a ele?

– Aí é que tá, mãe. A parada que tá com o meu amigo já era!

– Já era?

– É, não dá mais pra recuperar.

– Como não dá pra recuperar? Pede pra ele devolver, oras!

– Mãe, a parada que eu dei pra ele, ele já vendeu pra outro, sumiu tudo, já era!

– E agora?

– A gente tem que comprar a quantidade de pó que tá faltando.

– Comprar? A gente compra, oras. A gente pega as economias do seu pai e compra.

– Economias do papai?

– É, não é muito, a gente andou gastando quitando esse apartamento, mas deve ter ainda uns 3 mil reais.

– Três mil, *mother*? Tá brincando! A gente precisa de muito mais! Isso não dá nem pro começo!

– Precisa de mais? Quanto, 5 mil? – Edna perguntou assustada.

– Muito mais, mãe!

– Você tá louco, Silvinho! Você acha que nós somos milionários? E mesmo se fôssemos! Você acha que a gente ia gastar tudo o que a gente tem com... com... – Edna nem conseguiu completar a frase, o desespero veio com força total e como sempre, na forma de lágrimas. Edna ficou chorando baixinho por alguns minutos. Então levantou o rosto e tentando controlar suas emoções, voltou ao assunto. – Como é que a gente vai fazer para conseguir essa... essa parte que falta da droga, meu filho?

– Aí é que entra meu plano, mãe.

Sílvio contou pormenorizadamente seu plano a uma mãe boquiaberta. Contou todos os detalhes, da mistura da droga à venda em papelotes. Explicou que com o dinheiro que arrecadassem com a venda no varejo poderiam comprar de volta os 3 quilos sumidos, mais os 3 quilos que eles usariam para misturar à droga. Sílvio garantiu que tudo só duraria o tempo suficiente para recuperarem a quantidade faltante da droga. Justificou a venda dos papelotes ali no apartamento mesmo, que era um local seguro, era difícil que as pessoas desconfiassem de um apartamento onde morava um casal tão distinto.

– Meu filho, eu não entendi nada desse seu plano. Você está querendo vender droga aqui?

– Não tem outro jeito, *mother*. Não adianta a gente misturar a droga e entregar pro Tião. O cara é esperto e vai sacar logo que a droga não é mais pura. A gente tem que recuperar a coca do jeito que ele entregou pra senhora, com a mesma qualidade. E esse meu plano é a única maneira. A gente vende a parada misturada pra comprar a pura. É só por um tempo, só até a gente recuperar a parada do Tião. Mãe, você não tem ideia de como esses traficas são. Eles não gostam de perder um grama da parada deles. Eu nem sei do que o Tião é capaz de fazer com a gente quando souber que a gente deu um cano em 3 quilos da parada! Olha, vou tentar explicar de novo o plano...

– Não, não precisa...

Edna, com um cansaço de dez séculos, subitamente envelhecida, saiu andando encurvada em direção ao seu quarto. Andava como um autômato, resignada, sem forças para esboçar qualquer reação ao plano mirabolante do filho.

Sílvio percebeu o sofrimento da mãe, mas não se abateu, no fundo não esperava que a reação da mãe fosse diferente. Puxou de Edna uma resposta para seus planos.

– Você topa, mãe?

– Silvinho, pode fazer o que você quiser. – Edna não tinha mais energia para discutir com o filho, só queria paz e tranquilidade, nem que fosse por cinco minutos.

– Posso colocar meu plano em ação? É a nossa única saída! – Sílvio insistia.

– Sei lá, meu filho, faz o que você achar melhor. – Edna não queria pensar muito. – Se é pra achar meu filho Julio, faz o que quiser, eu topo. Não quero nem saber direito como vai funcionar.

Edna ainda teve forças para fazer um último pedido:

– Meu filho! Promete só uma coisa pra sua mãe?

– O quê, mãe?

– Promete que depois que isso tudo acabar, você para de fumar maconha?

– Prometo, mãe! – Sílvio não tinha outra resposta.

7

O detetive J. Rui nunca foi de passar noites em claro. Mesmo durante as diligências noturnas, em meio ao perigo do cerco aos bandidos, ele conseguia tirar uma sonequinha no banco de trás do carro de polícia. Dormir sempre foi fácil para o policial. Mas depois do fracasso com Madalena, J. Rui ficou dois dias sem dormir. Rolava na cama sem conseguir adormecer, só pensando na malfadada brochada. Como aquilo pôde acontecer? Logo com a Madalena!

Na segunda-feira à noite, conversando com um amigo policial, contou o seu drama, e o amigo nem titubeou:

– Esse negócio de brochitude não existe mais não, rapá! Toma Viagra!

– Mas e se for um problema psicológico?

– Esse negócio de problema psicológico é coisa do passado, rapaz! Agora, com esse tal de Viagra, psicanalista tá morrendo de fome! Tu vai ficar perdendo tempo com psicólogo, terapia e o caralho? Com esse Viagra não tem psicologia não, malandro! É tomar e mandar ver! – O amigo fez uma pausa, se aproximou de J. Rui e, olhando pros lados, falou baixinho: – Vou te confessar uma coisa. Eu mesmo tomei e, puta que pariu, parecia que eu tinha vinte anos! A patroa pediu arrego, malandro! Eu fodi tanto aquela noite por causa do tal Viagra que quase a patroa manda eu terminar o serviço com a empregada.

J. Rui se animou com o conselho do amigo e atacou Madalena outra vez. Encheu a moça de flores. Rosas vermelhas, brancas, amarelas, rosas de todas as cores pra não ter chance de errar. Flores-do-campo, orquídeas, gerânios, fez a alegria do florista. Talvez até para não se sufocar com tantas flores, Madalena aceitou o convite para jantar. O jantar foi num restaurante caríssimo, com lagosta e comida flambada, tudo do bom e do melhor. Uma fortuna!

Nenhum centavo foi economizado. Do cafezinho foram para o licor e do licor para o motel. O melhor motel. Cama redonda, espelho no teto, até uma pista de dança. J. Rui estava tão senhor de si que resolveu dispensar o Viagra. Ora, ele era novo, forte, saudável, não era brocha, porra! Podia se virar sozinho. E o afã de agradar a moça era tanto, que eles dançaram, atividade que J. Rui não praticava desde a adolescência. J. Rui colocou um CD de pagode, preferência de Madalena. Um pagode bem balançado que fez a menina rebolar-se prazerosamente. Madalena era mesmo muito gostosa. E estava um tesão, requebrando a bundinha ao ritmo do sambinha, esfregando-se toda em J. Rui. Mais dois pagodes e a menina já tinha tirado a calça comprida atochada que usava, revelando estar sem calcinha. J. Rui quase ficou louco com aquela visão. Colocou uma melô mais lenta, mela-cueca, o sucesso do momento. Dançando juntinhos o clima esquentou e J. Rui começou a tirar a sua roupa, fazendo um canhestro striptease que fez Madalena gargalhar. Ela o agarrou, começou a abraçá-lo e beijá-lo e amassá-lo e esfregar e esfregar. E esfregar. E esfregar...

J. Rui suava. Era o fantasma da primeira brochada o assombrando. Apesar de excitado, o rapazola lá embaixo se comportava mal. Lembrava-se da primeira pincelada e se inibia. Subia e descia. Subia quando Madalena o tentava, mas descia ao vislumbrar o fantasma da brochada se aproximando. J. Rui tentou ganhar tempo, precisava seguir o conselho do amigo, tinha que tomar o Viagra. Arrependeu-se por não tê-lo feito assim que entrara no quarto. Colocou no som mais um pagode, disse que adorava vê-la dançando e tentou ganhar tempo. A menina topou dançar novamente, meio a contragosto, sem rebolar tanto como no início, sem sorrir tanto, só exercitando a técnica que ela dominava bastante bem. J. Rui pediu licença para ir ao banheiro enquanto ela curtia a música.

Dentro do banheiro J. Rui olhou-se no espelho. Tinha percebido a tempo que a chance de uma pincelada era grande. “Calma”, pensou, “tecnicamente você não brochou ainda”. J. Rui olhou para o seu rosto suado no espelho e não teve dúvida: engoliu o comprimido de Viagra. “E agora? Demora uma hora pra fazer efeito. O que eu vou fazer em uma hora? O quê?”, pensou um pouco. “A menina já dançou tanto, não deve mais estar aguentando... bom só falta eu dançar, dar um show de dança, por uma hora! É a única saída.”

J. Rui preparou uma entrada triunfal, algo que chamasse a atenção de Madalena, que a fizesse pedir para ele dançar mais. Encostou o ouvido na porta e esperou acabar a música que estava tocando. Assim que o pagode seguinte começou, Jota irrompeu quarto adentro num salto gigantesco, se contorcendo todo no ar. Pousou no chão já rebolando, esboçando um requebrado que nunca experimentara antes. Uma ginga perfeita que impressionou até a ele mesmo. J. Rui, orgulhoso do seu passo de dançarino, ficou esperando as palmas de Madalena. Sem parar de dançar, procurou a moça pelo quarto, rodou em torno de si mesmo com os olhos atrás de Madalena. Nada. Ninguém. J. Rui parou imediatamente de dançar quando percebeu que estava só. Madalena foi embora. J. Rui, puto, também foi.

O Viagra fez efeito exatamente uma hora mais tarde. J. Rui passou a noite com o pênis em riste, xingando Madalena, xingando o amigo que recomendara o Viagra, o dono do motel, o dono da farmácia que lhe vendera o Viagra, xingando a tudo e a todos. Sua raiva maior, no entanto, era direcionada ao major. Guardou seus nomes mais feios, seus xingamentos mais elaborados para aquele major filho da puta que certamente tinha sido o responsável pela primeira brochada com Madalena. E a lembrança da primeira brochada obviamente ocasionara a segunda. Bom, a segunda nem acontecera, mas seja lá o nome do que tinha lhe sucedido, tinha sido ainda pior do que a brochada de verdade com Madalena. E muito mais caro. Insone e com o pau na mão, J. Rui se convenceu de que não conseguiria trepar novamente enquanto não tirasse aquele major filho da puta da cabeça. No meio da madrugada, J. Rui elaborou mais os pensamentos: além da brochada, o caso ainda podia ter consequências profissionais. Vai que o major resolve voltar à delegacia para sujar a sua barra com o delega! A licença do homem já estava acabando e...

Resolveu que, assim que pudesse, iria até a casa do major passar aquele caso a limpo.

*****

O esquema de vendas no apartamento foi montado. Todos os contatos telefônicos seriam feitos por Zeca, que era o responsável por arrumar os fregueses e preparar os sacolés de pó, a atividade conhecida como endolação.

As entregas seriam feitas no apartamento dos Silveira com hora marcada. Um cliente por vez, tudo coordenado para não haver confusão. Nem pensar em filas na porta!

Na quinta-feira pela manhã, Zeca ligou cedo para Sílvio avisando que estava mandando um comprador. O cliente chegou e foi prontamente atendido. Sílvio lhe forneceu um pó puro, de ótima qualidade. Assim que o rapaz provou o pó, ficou impressionado. Não conhecia cocaína tão pura. Ligou logo para um amigo de fungação e passou o telefone de Zeca.

Duas horas depois do primeiro cliente, Zeca ligou marcando a visita de mais dois compradores. Até o final da manhã, quatro vendas foram feitas. A estratégia era impressionar na primeira venda, não misturar nada ao pó, ganhar o freguês para, a partir da segunda venda, começar a misturar outros ingredientes à cocaína pura. Pelo resultado da primeira manhã de vendas, a tática estava dando certo. A clientela estava animada.

Edna viu o primeiro rapaz chegar, fingiu que tinha algo para fazer no seu quarto e saiu da sala. Fez o mesmo quando o segundo comprador chegou e a partir do terceiro rapaz que apareceu, não saiu mais de seu quarto. Fingia que o gosto pelo tricô tinha voltado, buscando nas agulhas e linhas o refúgio para se alienar do estranho comércio que acontecia na sala. Às vezes, esquecia da paz que o quarto lhe dava e ia até a sala onde tentava argumentar com o filho, explicar que aquilo não era direito, que era ilegal.

– Eu sei que é ilegal, *mother* – explicava Sílvio –, mas ter essa quantidade de coca em casa já é ilegal! Vender um pouco é só um detalhe.

Edna ficava chocada com essa argumentação, mas o filho tratava de acalmá-la.

– Mãe, calma. Isso é só até a gente recuperar a parada do Tião Demônio. Pra garantir a volta do mano. Fica fria, mãezinha. – E então vinha um beijo e um abraço recebidos com lágrimas.

– Seu irmão vai voltar, eu tenho certeza! – Edna abraçada ao filho buscava convencer-se de que devia continuar a fazer vista grossa.

Na manhã seguinte, Edna apenas esperou que Eustáquio saísse de casa para se trancar no quarto. Sabia que logo começaria o movimento esquisito de rapazes estranhos comprando substâncias exóticas em sua sala. Edna passou a manhã fechada em seu quarto, dedicando-se com afinco ao casaco de tricô que resolveu fazer para Julio. Era uma maneira de passar o tempo e de dizer para si mesma que o filho voltaria, nem que fosse apenas para provar o casaco. Do quarto, Edna ouvia o burburinho dos clientes de Sílvio na sala nesse segundo dia de vendas, certamente mais movimentado do que o dia da estreia. A notícia da nova boca se espalhara pela região e o negócio prometia prosperar. Por volta de meio-dia o movimento na sala cessou, a espera da chegada de Eustáquio para o almoço. Edna correu para a cozinha e acelerou a preparação do almoço. Eustáquio chegou em casa pontualmente, reclamando que o almoço ainda não estava pronto, mas calou-se assim que a comida foi posta na mesa, com 15 minutos de atraso. Almoçaram os três em silêncio.

Meia hora após a saída vespertina de Eustáquio, a rapaziada voltou a aparecer no apartamento. Edna foi novamente para o seu quarto, onde ficou às voltas com o casaco de Julio, já pensando na próxima peça de roupa que faria para o filho sumido.

Às cinco horas da tarde a campainha tocou mais uma vez e Edna nem tirou os olhos do casaquinho. Passado algum tempo, a campainha tocou novamente. Edna estranhou, levantou-se e foi até o quarto do filho.

– Sílvio. Silvinho! Tem mais um rapaz daqueles aí na porta.

Sílvio abriu a porta do seu quarto.

– Aí, mãe, deve ser pra você. Eu não marquei com ninguém depois das quatro e meia pra não arriscar pegar o velho em casa.

Edna foi até a porta. Abriu uma fresta mínima na porta, só o bastante para encaixar a boca e conseguir ser ouvida:

– Pois não?

– Bom-dia, dona Edna eh... Silveira.

– Isso, Edna Silveira. O senhor deseja alguma coisa?

– Eu poderia entrar pra ter uma conversinha com a senhora? Não sei se a senhora lembra de mim? Eu sou o...

– Eu sei muito bem quem é o senhor. É aquele policial que se chama Gilberto com jota.

Jilberto sentiu o golpe, mas procurou se controlar. Tentou ser simpático.

– A senhora poderia me deixar entrar? É uma conversa do seu interesse.

Edna abriu um pouco mais a porta, mas o espaço ainda não permitia que o policial entrasse.

– Bom, o senhor é policial, certo, eu não vou barrar um policial. Na certa o senhor não veio falar sobre o sumiço do meu filho, já que o senhor nos esnobou na delegacia...

– Dona Edna, eu queria me desculpar por aquele incidente. Acredite, foi um mal-entendido, eu gostaria de fazer algumas perguntas sobre seu filho...

– Agora? Nós fomos no domingo à delegacia, e só hoje, sexta-feira, o senhor me aparece? Só agora o senhor resolveu investigar?

– Nós estamos investigando desde o desaparecimento do seu filho – mentiu J. Rui. – Estamos tão interessados, que fiz questão de vir pessoalmente aqui na sua casa para tratar desse assunto.

– Bom, se o senhor está mesmo investigando... – Edna mudou um pouco o semblante de poucos amigos e abriu a porta. – Entre! O senhor não quer sentar? – Edna tentava parecer solícita. – Aceita um cafezinho?

– Não, obrigado. – J. Rui sentou-se. – Bom, dona Edna, a senhora teve alguma notícia do seu filho?

– Eu pensei que o senhor é que ia me dar notícias do meu filho. – Edna voltou a fechar a cara.

– Bom, nós ainda não temos muitas pistas... – J. Rui buscava uma desculpa plausível para não saber absolutamente nada sobre o paradeiro de Julio. – Estamos investigando... ainda nos trabalhos preliminares, sabe como é?

– Não. Não sei como é. – Edna já estava contrariada.

Sem a explicação para a total ignorância sobre o caso, J. Rui tentou mudar de tática, pegou um bloquinho de anotações e uma caneta do bolso do paletó.

– Dona Edna, eu vou lhe fazer algumas perguntas, se a senhora puder me responder, ajudaria muito a polícia.

– Tá. – Edna não procurou esconder a sua má vontade. Já havia se arrependido de ter deixado o policial entrar. "Graças a Deus o desgraçado não aceitou o cafezinho."

– A senhora ou o seu marido receberam algum telefonema que tratasse do paradeiro de seu filho?

– Sim. Ele mesmo ligou e disse que estava amarrado, mas estava sendo bem tratado. Depois o próprio sequestrador ligou.

– É mesmo? – J. Rui espantou-se. – E quando foi isso?

– Assim que nós voltamos da delegacia, onde o senhor disse que não tinha sido sequestro...

– Eu não disse isso, madame...

– Disse sim, além de dizer que meu filho era maluco, drogado e tinha memória fraca...

– A senhora entendeu tudo errado... bom, esses telefonemas... quem falou com o seu filho?

– Ninguém falou, tanto o meu filho quanto o sequestrador deixaram recado na secretária. A gente deixou a secretária eletrônica ligada quando foi à delegacia pra ouvir desaforo...

– Minha senhora, se acalme por favor! A senhora não ouviu desaforo. Nós não tínhamos elementos para acreditar em sequestro naquele momento, mas agora... – J. Rui pensou um pouco. – A senhora ainda tem essas gravações? Eu gostaria de ouvir.

Edna levantou-se e levou J. Rui até a secretária eletrônica. Apontou o aparelho para o policial e voltou a sentar-se na poltrona. J. Rui voltou a fita e ouviu o recado da costureira.

– Não é esse – Edna explicou.

– Eu sei, madame.

J. Rui escutou o recado de Julio.

– Mas não dá pra entender nada! A senhora tem certeza de que é seu filho?

– Tenho.

J. Rui voltou a fita e escutou novamente.

– Não dá pra entender quase nada. Seria necessário mandar pra um laboratório...

– Tem mais um recado. – Edna lembrou.

J. Rui ouviu o recado de Zeca.

– "Se tu não pagar vai ver o que é bom pra tosse."

– Estranho. Este recado parece de alguém que já deu o valor do resgate e está cobrando de novo. Essa pessoa ligou antes?

– Não – Edna respondeu.

– Estranho. Bom, não é certo que seja um sequestrador, pode ser outra pessoa...

– O senhor ainda acha que não foi sequestro? – Edna perguntou revoltada. Será que ela precisava chamar Tião Demônio para explicar para a polícia o que tinha acontecido?

J. Rui foi até o sofá e sentou-se novamente.

– Bom, nós temos que investigar... eu preciso fazer mais umas perguntas. A senhora tem outros filhos?

– Sim. Um.

– O nome dele?

– Sílvio Silveira.

– Ele trabalha?

– É estudante.

– Universitário?

– Segundo grau.

– Ele está em casa?

– Tá no quarto dele.

– Depois de falar com a senhora, eu vou precisar falar com ele também.

– Tá.

– A senhora tem empregadas?

– Só uma faxineira.

– Ela vem todo dia aqui?

– Duas vezes por semana, mas no momento eu dispensei ela por causa dessa coisa toda do Julinho...

– Ela trabalha há quanto tempo com a senhora?

– Uns dois anos aqui.

– E ela tem família? Algum irmão, ou irmã?

– Pra que o senhor quer saber isso tudo?

– Olha, dona Edna. Eu imagino que a senhora confie na sua empregada, mas existem muitos casos em que um conhecido da empregada...

– O senhor está desconfiado da Maria? Que absurdo! A Maria é uma santa criatura, ela e toda a família dela são evangélicas...

– Mas, dona Edna, ser evangélica não é álibi para nada!

– O que o senhor quer dizer? Que os evangélicos não são honestos? Que os evangélicos não são pessoas corretas? – Edna estava tão indignada, que era capaz até de defender os evangélicos.

– Calma, dona Edna. Eu não sabia que a senhora era crente...

Edna ficou imediatamente vermelha, o ódio subiu pelo seu peito e ela, bufando, gritou:

– Eu não sou crente! Eu sou católica! Católica apostólica romana, entendeu? Católica apostólica romana!

– Calma, dona Edna, não precisa ficar nervosa. – J. Rui apressou-se em desviar o interrogatório para outro rumo. – E o seu marido? É militar, correto?

– Major da reserva remunerada do Exército – Edna respondeu, ainda nervosa.

– Claro. E a senhora saberia de alguém, algum inimigo, alguma pessoa insatisfeita com o major? Bom, alguém que desejasse algum mal a ele?

– Não! Quem ia querer fazer mal a um homem como Eustáquio? Um militar exemplar! – Edna ficou rubra novamente, e imbuindo-se de uma indignação cívica, acrescentou: – Um oficial do Exército brasileiro que, por uma tremenda infelicidade, tombou ferido nos campos de batalha!

– Ele se feriu na guerra? Que guerra? – J. Rui estranhou. Pelos seus parcos conhecimentos de história, a última guerra que o Brasil combatera foi a Segunda Guerra Mundial, mas Eustáquio não parecia ter idade para ter sido pracinha.

– Ele se feriu em treinamento. No campo de Gericinó.

– Ah, então o campo de batalha que a senhora se refere foi Gericinó, ali em Anchieta. Ah, bem que eu vi...

– Viu o quê? – Edna exaltou-se mais uma vez. – Qual é o problema de Gericinó ficar em Anchieta? Gericinó não é um campo de guerra, mas é quase. O Exército treina lá, treina com afinco e dedicação, preparando-se para a guerra. Então é um campo de guerra! Treinamento para a guerra! O senhor duvida do heroísmo do meu marido?

– Não, não! Claro que não! Eu também acho que os nossos militares têm que estar sempre preparados para a guerra! Longe de mim duvidar do heroísmo do major, que eu sei que era, quer dizer, é um exemplo em nosso Exército! Eu tenho certeza de que o major caiu, mas dignamente, em seu fervor patriótico na defesa de nossas fronteiras! – J. Rui procurou caprichar em sua resposta para não dar margens a dúvidas. Mas seu civismo de ocasião soou um tanto patético. Deu graças a Deus por a campainha ter tocado nesse momento, interrompendo a conversa. Edna levantou-se olhando desconfiada para J. Rui. Será que ele estava gozando da cara dela?

Edna andou intrigada até a porta. Abriu sem nem olhar pelo olho mágico e se deparou com um rapaz. Ela reconheceu o rapaz. Era o primeiro freguês, aquele que ligou para os amigos avisando que o pó era bom.

– Qualé vovó? O Sílvio taí?

O heroísmo de seu marido virou história remota em questão de segundos. O que fazer agora? A polícia na sala e um rapaz pedindo cocaína na porta. Edna empurrou o viciado para fora e encostou a porta atrás de si.

– Sujou! Sujou! O Sílvio saiu! Ele não está! Vai embora porque o Sílvio saiu!

O rapaz ainda tentou esboçar alguma reação, mas Edna foi tão enfática que o rapaz deu meia-volta prometendo voltar depois.

Edna voltou para a sala aliviada, mas ao mesmo tempo intrigada com uma questão: como é que tinha passado por sua cabeça aquela expressão de drogados: "sujou"? Até pouco tempo ela só usava o verbo sujar para falar de toalhas, móveis, tapetes que não estavam mais limpos, ou principalmente quando reclamava das roupas dos filhos, sempre sujas, imundas, encardidas aos seus olhos. Onde ela tinha ouvido aquilo? No cinema? Na televisão?

Edna voltou até a sala para ver se a situação já estava mesmo "limpeza".

J. Rui se levantou.

– Olha, dona Edna, eu vou indo...

– Ué, o senhor não vai falar com o Sílvio?

– Não é necessário, eu já estou bastante satisfeito com as informações que a senhora me deu. Eu vou indo. Qualquer novidade entre em contato comigo, por favor. – J. Rui estendeu um cartão para Edna e se dirigiu à porta.

Edna ficou olhando para o cartão. Será que estava mesmo tudo bem? Teria o policial desconfiado de alguma coisa? Fechou a porta cheia de dúvidas.

*****

A vida parece fácil quando, nos filmes americanos, os policiais vigiam algum endereço à procura de algum bandido. Os dois policiais americanos, que sempre estão juntos, conversam animadamente dentro de um daqueles enormes carros americanos. Quase sempre um dos policiais é um jovem arrogante, arrotando virilidade, louco pra fazer uma merda e o parceiro é um velho policial cauteloso que vai se aposentar assim que resolver aquele caso. Eles ficam de vigia comendo donuts ou muffins ou bagels com diet-cream-cheese ou creme de amendoim, tomando café descafeinado com creme *low-fat no-sodium*, enquanto conversam sobre o que o velho policial vai fazer assim que se aposentar. Então o policial novo vê alguma coisa diferente ou sente algo estranho ou dá a louca mesmo, e saca sua pistola ou fuzil ou metralhadora, ou todas essas armas ao mesmo tempo e milhares de rajadas de metralhadora e explosões acontecem, e o policial velho morre a dois dias da aposentadoria. O policial novo jura vingar o velho e o filme começa pra valer.

Mas ficar à espreita de bandidos no terceiro mundo, sem ter sido roteirizado, produzido e filmado em Hollywood, é um exercício de paciência. Os carros são bem mais apertados, os policiais quase sempre estão sozinhos, e se estão em dupla não dá para sustentar por muito tempo uma conversa sobre o que se vai fazer com o dinheiro da aposentadoria no Brasil. A comida não parece ser tão boa nem as armas tão potentes, já que os armamentos mais modernos e com mais poder de fogo estão quase todos nas mãos dos traficantes.

Na manhã seguinte à sua conversa com Edna, J. Rui estacionou seu carro bem em frente ao prédio onde a família Silveira morava e ficou de vigia. Depois de uma hora de observação, começou a ficar de saco cheio. Já havia comido dois pastéis de vento engordurados, comprados no botequim fétido da esquina, e bebido uma Coca-Cola (uma concessão aos filmes americanos?). Já tinha ouvido rádio até encher o saco, foi cantado por um travesti, deu esmola pra mais de cinco meninos de rua e chamou a atenção de quase todo o bairro, pois no terceiro mundo quem fica sentado dentro de um carro parado por mais de 15 minutos ou é polícia ou é bandido. O cidadão comum sabe que se der essa bobeira se arrisca a ser assaltado.

Durante as duas horas de vigia, J. Rui conseguiu observar um movimento estranho no prédio onde dona Edna morava. Primeiro viu entrar um rapaz que conhecia de um flagrante com cocaína. Na ocasião arrancou uma boa grana do garoto. O rapaz entrou no prédio e saiu dez minutos depois. Algum tempo depois outro sujeito, de quem ele também já tirara grana algumas vezes, agiu da mesma maneira. Em seguida um terceiro conhecido subiu e desceu em menos de cinco minutos. Três "clientes" frequentes em menos de uma hora! Estariam eles se organizando? Será que os encontros do Sindicato dos Achacados por J. Rui aconteciam naquele prédio? J. Rui resolveu observar mais de perto aquele estranho movimento. Entrou no prédio sem falar com ninguém e seguiu direto para o elevador. O porteiro, um cearense que trabalhava ali havia mais de dez anos, fingiu que não notou e nada perguntou. Tinha visto J. Rui quando ele visitara dona Edna e depois acompanhou o policial de vigia na porta do prédio. Não tinha dúvidas de que J. Rui era policial e com polícia não queria conversa.

J. Rui saiu do elevador, mas não tocou no apartamento de dona Edna. Foi até a escada de serviço e ficou lá sentado, esperando. Da escada avistava todo o corredor. A vigia ali era ainda mais chata do que no carro. Sem ter o que fazer, J. Rui acabou cochilando. Acordou com um barulho de chave abrindo uma porta. Uma empregada carregando um saco de lixo saiu de um apartamento, andando rápido em direção à escada. J. Rui se exasperou, pensou em fugir, mas não deu tempo, a empregada o viu.

– Dá licença, moço, de eu botar o lixo aí!

J. Rui saiu da frente e a empregada abriu a tampa da lixeira. Não pareceu incomodada com a presença de um homem na escada. Enquanto empurrava o saco de lixo para dentro do buraco, puxou assunto.

– O senhor é namorado da Denise?

– Não – respondeu J. Rui ainda um pouco assustado com a quase aparição da empregada.

– Ah, eu pensei que o senhor era namorado da Denise.

J. Rui resolveu dar corda ao assunto:

– Eu me pareço com o namorado dessa Denise?

– Ah, num sei. Cada dia ela tem um namorado novo!

– Essa Denise mora em que apartamento?

– Ah, ela é ali do 303. É que o pai dela não gosta que ela namora, aí ela fala pros namorado esperar aqui até o pai sair. É cada dia um diferente. Coitado do seu Irineu.

– Seu Irineu é o pai da Denise?

– É... coitado. Uma filha tão bonita, mas tão namoradeira... uma vez eu vim botar o lixo aqui e a menina tava numa agarração com o namorado aqui na escada, uns arrocho aqui na escada que o senhor nem imagina. A menina deve de ter ficado toda roxa. Diz até que a moça foi pega uma vez com a boca na botija, o senhor entende, né? Mas num fui eu que peguei não, graças a Deus que eu tenho nojo destas coisas e... – De repente a moça se deu conta de algo estranho. – Peraí, se o senhor não é namorado da Denise, quem é o senhor?

J. Rui tinha que pensar rápido.

– Eu sou amigo da dona Edna Silveira.

– Ahhhh – a empregada fingiu que entendeu –, amigo da dona Edna. Eu não sabia que ela fazia essas coisas aqui também.

– Essas coisas?

– É, o senhor aí sentado na escada esperando a dona Edna. Quem diria, dona Edna!

– Não, não – apressou-se em esclarecer J. Rui –, eu não estou esperando a dona Edna como fazem os namorados dessa tal de Denise. A Edna é uma amiga minha de longa data e o marido, seu Eustáquio, também. Eu estava aqui porque... porque... é que... não tem ninguém em casa.

– É mesmo? Estranho... – A empregada se aproximou de J. Rui para lhe segredar algo. – Esses dias essa casa aí tá tão movimentada! Toda hora chega alguém aí. É um entra e sai de gente que o senhor nem imagina. Aliás, essa casa tá muito estranha desde que o garoto sumiu...

J. Rui percebeu que a doméstica gostava de falar, em poucos minutos já conhecia toda a vida pregressa de Denise, uma adolescente que ele nunca vira na vida. A empregada podia ser uma ótima informante se ele direcionasse a conversa.

– Você falou de um garoto sumido?

– Ih, o senhor num sabe não? O filho da dona Edna sumiu. Diz que foi sequestro. Umas coisa braba aí. Eu só sei que depois que o menino sumiu tudo virou de pernas pro ar nessa casa. É um entra e sai de gente que num acaba mais. Desde cedo começa a aparecer uns caras esquisitos aí, e vem aqui toda hora. Será que são os sequestrador? Sei lá! Tá tudo muito estranho. Até a minha patroa que nunca nem falou com a sua amiga, a dona Edna, foi lá falar com ela outro dia. Eu perguntei pra dona Viviane, a minha patroa, o que ela foi fazer lá e ela disse que era uma questão de solidari... solidãori... ah, num sei o nome direito, só sei que tem solidão e idade no meio, deve ser coisa de gente velha.

– Você falou que uns rapazes esquisitos andam visitando o apartamento?

– É. Uns tipos estranhos! O senhor eu tô vendo pela cara que é gente de bem, mas esses rapazes são diferentes. Eu vejo tudo pelo olho mágico que eu nem tive coragem de aparecer na hora que eles tavam aí no corredor. Num é que eu seja fofoqueira, eu até odeio fofoca, mas é que eu ouço o barulho e olho pra ver quem é. É que lá em casa tem só eu e dona Viviane. A dona Viviane fica o dia todo no trabalho, ela é separada, sabe. O ex-marido dela era o maior galinha, num pudia ver um rabo de saia...

J. Rui interrompeu a fala da moça e a colocou novamente nos trilhos com uma pergunta.

– A dona Edna tem dois filhos, certo?

– Ué, o senhor num é amigo dela? O senhor num sabe?

– É que eu não a vejo há muito tempo...

– Ah, bom. O que sumiu é o mais velho, um com cara de bobo, o que dizem que foi sequestrado, mas eu num sei não, quem é que ia sequestrar um garoto bobo daqueles... Em compensação, o mais novo tem uma cara de maconheiro que o senhor nem imagina. Olha, eu num conheço direito esses troços, mas eu podia jurar que aquele garoto é maconheiro. Ele tem uns cabelão assim cheio de trancinha, e parece que aquele cabelo nunca viu água na vida. Aliás, o menino num deve nem saber o que é banho, vive com cara de maluco, de olho vermelho, com uns amigo mais maluco ainda! Olha, eu acho que esse bando de sujeito esquisito que veio aí é tudo amigo dele. Se bem que reparando bem, os rapaz que veio aí nem tudo é cabeludo. Ah, sei lá, hoje em dia não se pode botar a mão no fogo por ninguém. O senhor veja o seu Jorge, o ex-marido da dona Viviane. O senhor olhava assim e não dava nada por ele, uma cara de idiota! Mas dizem que ele deu em cima até da mulher do porteiro...

J. Rui não obteve apenas muitas informações sobre o que vinha acontecendo no apartamento dos Silveira, como ouviu as incríveis histórias de seu Jorge, o ex-marido galinha de dona Viviane, ouviu sobre os casos do porteiro com a madame do 603, soube fofocas estarrecedoras sobre o ex-jogador de futebol, hoje treinador, que trazia jogadores juvenis recém-chegados do interior para conhecer seu apartamento, e sobre o morador que passeava de carro importado, mas pedia dinheiro emprestado à empregada pra poder comprar ovo e miojo pra comer.

A empregada só parou de falar quando ouviu o barulho da porta do apartamento dos Silveira abrindo. Era Sílvio saindo de casa.

– Tá vendo. É esse o cabeludo que eu tava falando. – Lançando um "tchau" para J. Rui, a fofoqueira passou por Sílvio fazendo cara feia. Entrou correndo, quase se jogando, no apartamento em que trabalhava.

*****

Sílvio e Jota Rui ficaram frente a frente. Os dois se examinaram, como boxeadores que se "estudam" no início de uma luta. Alguém tinha que quebrar o silêncio. Nem que fosse:

– Prazer, cabeludo.

– Prazer, homem estranho que conversa com a empregada fofoqueira no corredor.

O silêncio era tanto que se podia ouvir todas as geladeiras do prédio em pleno funcionamento, todos os termostatos dos ares-condicionados entrando em ação, todas as mães do bairro de Ipanema mandando as crianças "pararem de fazer alguma coisa" aos berros.

Finalmente, J. Rui tomou a iniciativa. Sacou do bolso a carteirinha da polícia. Aproximou-se de Sílvio com o documento espalmado na mão.

– Boa-tarde, senhor Sílvio Silveira.

Sílvio viu confirmada sua suspeita. O cara era policial mesmo.

– Você sabe o meu nome?

– Eu sou o detetive J. Rui. Estou investigando o desaparecimento do seu irmão.

– E o senhor quer me interrogar?

– Bom, digamos que eu gostaria de bater um papinho com você.

– Bom, nós podemos entrar pra conversar se o senhor quiser.

– Não, não. O nosso papo não vai ser aqui não.

– Por que nós temos que conversar sobre o sumiço do meu irmão na delegacia?

– Quem te disse que nós vamos pra delegacia? Nós vamos dar um passeio.

– Passeio? Por que a gente não entra e conversa aqui mesmo no apê dos meus pais? – Sílvio estranhou o jeito do policial que parecia cheio de más intenções. Tentou voltar para o seu apartamento, onde a presença de sua mãe poderia lhe servir como escudo, mas o policial não deixou. Agarrou-o e apertou os seus braços com bastante força, impedindo-o de se mover.

– Não, não. Nós não vamos conversar aí. Nós vamos dar um passeio. Eu preciso muito te levar pra bater um papo com um amigo nosso, um outro policial, o Orlando Caolha...

– Qualé, meu irmão? Eu não conheço ninguém com esse nome não!

– Mas vai conhecer agora! – J. Rui abriu o paletó mostrando uma arma enfiada na calça.

– Qualé? Eu não fiz nada de errado! – Sílvio ainda tentou ser enérgico, brandindo seus direitos de cidadão, que rapidamente desapareceram quando o policial sacou a arma da cintura e a apontou em direção à sua cabeça.

Sílvio tremeu dos pés ao último fio de cabelo. E eram muitos os fios de cabelo a tremer, embrenhados em sua cabeleira rastafári. J. Rui fez questão de manter uma conversação enquanto entravam juntos no elevador.

– Pode ficar tranquilo que o Orlando Caolha é pessoa de minha inteira confiança. Ele me ajuda muito nestes trabalhos...

Sílvio tentou entender melhor o que estava acontecendo.

– Que trabalhos? Ele está ajudando nessa investigação sobre o meu irmão?

– É... de certa maneira... mas fique calmo que o Caolha é muito boa pessoa. Infelizmente ele tem um probleminha na vista que o deixa um pouco nervoso de vez em quando...

– Nervoso?

– É, imagina que você quer ver uma coisa, mas não consegue direito. É chato, né? Pois é, o Orlando fica furioso quando não consegue enxergar as coisas. Às vezes ele tem que trazer as coisas pra perto dele pra ver direito. Uma vez ele quase arrancou a cabeça de um meliante, sabe como é, pra ter certeza de quem era. Vai que ele porra um inocente, né! Mas fica frio que ele é um cara nota dez. Só fica chateado com esse negócio no olho. Foi um azar danado, rapaz. Imagina que foi uma porrada... é claro que não foi uma porrada que ele levou de alguém, que o Orlando não é de levar porrada de ninguém. Foi uma porrada mal dada. Ele foi encestar um bandido com uma barra de ferro e levou azar e a barra porrou a própria cara dele. Perdeu o olho. Que azar, até o Caolha se ferrou quando tomou porrada dele mesmo. O bandido então, coitado, acabou perdendo muito mais do que o olho. Olha, eu fiquei com pena do cara!

J. Rui seguiu empurrando Sílvio quando chegaram ao térreo, levando-o até o seu carro. Quando entraram no carro, J. Rui já tinha parado de falar sobre o olho de Orlando Caolha. Falava sobre a potência do soco do amigo. J. Rui obrigou Sílvio a sentar no banco do carona e pegou a direção mantendo a arma no colo. Antes de dar partida no carro, pegou o celular e falou com o tal do Caolha. Marcou um encontro em não mais do que vinte segundos de conversação. Durante todo o trajeto que fizeram, não parou de falar sobre o capanga que iam encontrar. Vinte minutos depois, chegaram a um bar onde finalmente Sílvio conheceu seu novo amigo. Orlando Caolha fazia jus a tudo que J. Rui falara sobre ele. Careca, gordo, feio, enorme, musculoso, gigantesco, todos os atributos que um brutamontes pode ter. E, é claro, com um olho cego, inchado, purulento, quase fechado.

Caolha entrou no banco de trás e grunhiu alguma coisa. Foi o único som que saiu de sua boca por todo o trajeto que fizeram. A boca também parecia ser cega. J. Rui começou a relembrar vários casos em que Caolha quase arrancou a cabeça do inimigo pra ver mais de perto. J. Rui ria muito, achava aquelas histórias muito engraçadas. Sílvio, depois de alguns minutos, se desligou da conversa. Ria quando o outro ria, tentando em vão uma empatia que sabia impossível. Sílvio tentava descobrir para onde estavam indo. Percebeu desde o início que iam em direção à Barra da Tijuca. Torceu para não irem para o Recreio, que era mais ermo, mas sua torcida foi em vão. Torceu para não virarem em direção a Vargem Grande, local ainda mais desabitado, e seu time perdeu novamente. Finalmente, quase uma hora depois, chegaram a um terreno descampado, mato pra tudo que é lado, onde mal se percebia que ainda estavam em uma cidade grande como o Rio de Janeiro. J. Rui e Orlando Caolha saltaram do carro e obrigaram Sílvio a descer também.

– Bom, seu Sílvio Silveira, chega de papo furado. Eu não te trouxe pra essa aprazível localidade pra gente conversar sobre as histórias do nosso amigo Caolha, certo? Eu te trouxe aqui pra gente falar de negócios, sócio! – J. Rui deu ênfase ao "sócio".

– Sócio? – Sílvio espantou-se e começou a gaguejar. – Co-co-mo assi--ssim, só-só-cio?

– Calma, sócio. Se nós estamos juntos em um empreendimento, então somos sócios.

– Sócios... – repetiu ainda espantado Sílvio.

– A sociedade pra mim é assunto decidido. Nós já somos sócios. Falta decidir quanto cabe a cada um nessa sociedade. A minha proposta é *fifty-fifty*.

Sílvio não tinha certeza absoluta de que o policial sabia de seus negócios com a cocaína achada no armário dos pais. Existia uma possibilidade remota de que estivesse falando de outro assunto. Perguntou sem convicção:

– *Fifty-fifty* de quê?

Orlando Caolha finalmente explicou por que acompanhara J. Rui nesse passeio à zona rural do Rio. Sua explicação não foi com palavras. O brutamontes pegou Sílvio pelo colarinho e levantou-o do chão com uma facilidade que só anos de truculência podem dar. As histórias sobre sua deficiência de visão pareciam ser verdadeiras, pois o enorme careca aproximou o rosto de Sílvio do seu, como se quisesse conferir se era Sílvio mesmo. Sílvio conheceu o olho ruim do policial de perto. Conheceu também o fundo vazio do olho bom. Depois de alguns segundos, Caolha torceu o corpo de Sílvio e encaixou uma gravata. Apertou um pouco o braço, quase sufocando Sílvio, como se quisesse testar sua força. Depois soltou um pouco o braço, permitindo apenas um fio de respiração. J. Rui tomou a palavra.

– Olha aqui, ô moleque! Tá achando que eu sou otariano? Eu tô sabendo que tu tá armando alguma coisa naquele apartamento. Solta a língua aí, ô moleque, senão o Caolha vai ter que te convencer. E tu já viu que ele não é muito de falar.

Sílvio acabou soltando o verbo. Entre apertos na garganta, contou tudo. Falou, confessou, vomitou, expeliu tudo que aconteceu depois que o irmão sumiu. J. Rui ouviu tudo com tranquilidade, como se já soubesse o que se passava no apartamento.

– Eu devia te levar pra cadeia, ô babaquinha! Tu ia ser rapidinho a mulherzinha da cela. Os bandidos não iam nem deixar tu cortar o cabelo. Com esse cabelão, eles te viram de costas e parece até que tão comendo um rabo de mulher! Se bem que, pra eles, não faz a menor diferença. Cu é tudo igual!

Orlando Caolha apertou de novo o braço no pescoço de Sílvio. Um milésimo de segundo antes de Sílvio desmaiar, o brutamontes afrouxou o braço, deixando-o respirar. Um *timing* perfeito! J. Rui continuou:

– Em vez disso eu tô te propondo sociedade, ô mané! É pegar ou largar. Aliás, não dá pra largar. Ou aceita ou perde as pregas no xilindró, morô? Então a partir de hoje é o seguinte: de dois em dois dias eu passo no seu apê. Tu mostra as contas e me dá metade do lucro. Negócio feito.

J. Rui tirou o revólver do cinto e enfiou o cano no nariz de Sílvio, enquanto Orlando Caolha apertava a garganta do menino.

– Então é isso aí! Tu vende, eu protejo, nós dividimos o lucro! O negócio tá fechado. Ninguém vai atrapalhar a gente. O tal do Tião eu manjo, tá guardado em Bangu! O teu irmão, esse tal de Julio, deve tá fodendo por aí. Fodendo tanto que esqueceu o caminho de casa. E se ele lembrar o caminho de casa, o nosso amigo Caolha vai tratar dele! Tratamento de primeira! E tu vai acordar cheio de furo de metralhadora, morou! Então, essa é a parada. Tu segura a onda do papai e da mamãe e tudo vai dar certo. Aquele apê vai ser a maior limpeza do mundo. Eu vou vigiar 24 horas por dia! Essa é a minha parte. Tu faz a sua parte direitinho e vai dar tudo certo. Se tu vacilar já tem ideia do que pode te acontecer, certo? Tu é esperto, tu sabe o que pode rolar se tu vacilar! Vamos embora, Caolha.

J. Rui e o brutamontes entraram no carro e partiram, deixando Sílvio jogado no chão enlameado naquele fim de mundo.

8

Sílvio permaneceu deitado no local onde os policiais o abandonaram por mais de uma hora. A garganta doía, Sílvio arfava, respirando com dificuldade. Com algum esforço, finalmente conseguiu se levantar e andar. A região era desconhecida, não tinha a mínima ideia de onde se encontrava. Andou por um caminho de terra por algum tempo, até que chegou a uma estrada que parecia mais movimentada. Sem um centavo no bolso, tentou pegar carona. Mas quem é que dá carona no Rio de Janeiro? Quem é que se arriscava a colocar um desconhecido em seu carro nesses dias de violência? A última carona que foi dada no Rio de Janeiro estava fazendo aniversário, uns trinta anos, mais ou menos, uma carona já balzaquiana. Depois de meia hora com o dedo polegar esticado, Sílvio desistiu da carona e resolveu procurar um telefone. Depois de andar uns 2 quilômetros, achou um orelhão meio mal-ajambrado, que não tinha a menor pinta de estar funcionando. Tentou ligar a cobrar para Zeca, e para sua surpresa o telefone funcionou. Zeca atendeu.

– Ligação a cobrar, Sílvio? Tu tá de sacanagem?

– Não ô mané, sacanagem foi o que fizeram comigo. Tô fudido aqui num lugar que eu nem sei onde é, sem um puto no bolso.

– Que que aconteceu contigo, meu irmão?

– Aconteceu coisa pra caralho!

– Então não conta não, que a ligação é a cobrar!

– Ah, não fode, Zeca! A parada é a seguinte: tu tem que vir aqui me buscar.

– Tá, eu vou. – Zeca percebeu pela voz do amigo a gravidade da situação. – Mas onde tu tá?

– Caralho, eu não tinha pensado nisso. Onde eu tô? – Sílvio pensou um pouco. – Olha, Zeca, fica aí a postos, eu vou andar um pouco até descobrir um lugar onde tu possa me achar.

Zeca andou um bom tempo até achar uma placa com o nome da estrada onde estava, o duro foi achar outro orelhão que funcionasse por perto. Voltou até o primeiro orelhão e deu as coordenadas ao amigo. Uma hora e meia depois Zeca o achou.

– Caralho! Que cu do mundo que tu se meteu, maninho! Como é que tu veio parar aqui?

– Acende um beise aí que eu te conto a parada.

Sílvio falou do policial, de seu amigo gigante e caolho, das porradas que levou e, principalmente, da nova sociedade.

– Caralho! Que porra de sociedade é essa? – Zeca não estava entendendo.

– É, meu amigo, sabe aquelas paradas que a gente tá vendendo lá em casa? Então o cara quer metade da grana pra ele.

– Caralho! A gente não pode aceitar isso assim! Como é que o cara vai entrando assim na parada?

– Entra porque é cana, porque botou pistola na minha cara, porque tem um gigante zarolho mal-encarado, porque pega pesado, é do mal, entra porque pode, porra!

– Caralho!

– É, meu irmão, A gente não pode fazer nada. Tamos nas mãos dele!

– Caralho!

– Tu só vai ficar repetindo caralho, caralho, caralho? Fala alguma coisa, porra!

– Eu? Quem pensa aqui é você, esqueceu? Toma aí, fuma um pouco aí. – Passou o baseado já pronto pra Sílvio. – E aí, já pensou? Qual é o seu plano genial?

– Plano? – Sílvio deu uma tragada no baseado. – Não tenho plano nenhum! Não tenho nenhuma ideia! Tamos fudidos!

– Então vamos desistir dessa parada, vamos largar tudo, sair dessa, ué?

– Tu tava melhor sem ideia. Como é que a gente sai dessa? O negócio depende da gente. O negócio só existe com a gente na parada. O apartamento é bom pra vender porque ninguém suspeita da casa de um milico. Minha mãe tá fazendo vista grossa porque acha que a gente só vai recuperar a parada do Tião, e aí ela vai devolver tudo pra ele quando ele voltar com notícias do Julio. A gente tá fudido!

– Caralho!

– Ih, lá vem você de novo! – Sílvio deu outra tragada no baseado. – Cara, o pior é que agora a nossa vida tá dependendo do Julio não aparecer. O cana filho da puta falou bem assim. – Sílvio engrossou a voz imitando J. Rui: – "Se o teu maninho aparecer tu vai acordar cheio de furo de metralhadora, morou, ô cabeludo!"

– E tu acha que ele vai fazer isso mesmo?

– Tu vai apostar que não?

– Eu não!

– Eu também não.

Os dois ficaram quietos, fumando o baseado, enquanto o carro percorria a avenida das Américas, já na Barra da Tijuca. Sílvio ruminava seus pensamentos; depois de algum tempo, finalmente expôs sua conclusão:

– Cara, não tenho a menor ideia do que fazer. Por enquanto, o melhor que a gente tem a fazer é ir tocando a parada, até pintar uma ideia de como sair dessa.

– Cara, tu tá fudido mesmo! – Zeca falou enquanto pegava no bolso um segundo baseado.

– Eu só não! Você também!

– Eu? Eu não! Você sabe que antes de você bolar esse plano genial eu traficava maconha. Agora transo com coca. Eu melhorei de vida! Tô ganhando mais, não tenho nenhum irmão sumido, nenhum polícia disse que vai me matar...

– Vai se fuder! Fuma aí e cala a boca. Se eu me fuder eu arrumo um jeito rapidinho de fuder contigo também!

– Tá legal, calma! Tá bom! Nós tamos fudidos! Gostou assim? Nós, eu e você, estamos fudidos! Quer dizer, eu até tô mais fudido que você...

– Ah, não fode!

*****

O bar do Venceslau, situado bem no centro de Bagagem, além de servir um PF de qualidade duvidosa, e vender cerveja e refrigerante, também funcionava como rodoviária da região. Os ônibus, que chegavam de hora em hora, eram a ligação de Bagagem com a civilização. Durante a semana os caipiras se amontoavam nos ônibus com galinhas, patos e até porcos, mas nos fins de semana outra espécie se juntava a eles, os mochileiros.

Um pouco antes das nove horas da manhã da quinta-feira, início de um feriado prolongado, Mário Filósofo postou-se em frente ao bar do Venceslau, para acompanhar o desembarque dos mochileiros que chegavam a Bagagem. Mário prestava especial atenção às do sexo feminino. Entre as moças, ele identificava quais estavam acompanhadas e quais desacompanhadas, as mais bonitas e as menos. E então, numa avaliação rápida, Mário podia prever se teria um bom ou mau fim de semana.

O primeiro ônibus chegou quase vazio, mas Mário não desanimou. Sabia que as suas vítimas não costumavam chegar tão cedo. Permaneceu em seu posto de observação, até que o segundo ônibus virou a curva chacoalhando. O ônibus parou, a porta abriu e desceu seu Zé, peão de uma fazenda próxima, seguido de dona Arlete, mulher de seu Zé. Desceu Toinho, capiau local acompanhado por quatro galinhas, que cacarejavam excitadas pela viagem. Então, meio alvoroçadas e atrapalhadas pelo tamanho de suas mochilas, desceram Solange e Daniela. Mais alvoroçado ficou Mário. "Caraca! Solange!", pensou. "Gata conhecida, vítima certa, sem perda de tempo com aproximação, provavelmente o procuraria para buscar abrigo." Porém, o fato de trazer uma amiga a tiracolo o preocupava. Duas amigas juntas era quase tão ruim quanto uma menina acompanhada de seu namorado. Pela teoria de Mário Filósofo, baseada em sua própria experiência, dificilmente a menina se separava de sua amiga para ficar com ele. Bom era quando vinham sozinhas. Quando vinham em grupos mistos podia rolar e quando eram grupos femininos era quase certo. E também era quase certo que as outras integrantes do grupo de meninas passariam todo o fim de semana falando mal da ex-amiga que preferiu o hippie à companhia delas no mato.

Solange morava no Rio de Janeiro, mas pelo menos duas vezes por ano ia até Bagagem descansar da noia da cidade grande. Noia era como ela se referia ao dia a dia estressante, ao cotidiano enlouquecido, à neurose da cidade grande. Se é que se pode chamar de estressante o dia a dia de uma estudante universitária, filha de pais ricos, que morava num condomínio de luxo na Zona Sul do Rio de Janeiro. Estressada ou não, Solange gostava de viajar nos fins de semana e a noia era uma boa desculpa. Certamente Solange não conseguiria viver mais do que duas semanas no mato, teria que fugir de volta para o Rio para descansar da noia da vida selvagem. Solange era uma neo-hippie de 18 anos, adepta das batas indianas e das longas saias de batik, cujas axilas cabeludas eram por si só um manifesto contra a devastação da mata atlântica. Ela era uma das inúmeras vítimas de Mário Filósofo. Uma das hóspedes que frequentava sua casa e sua cama, porque dormir na rede ou em sacos de dormir era legal, era natural, era zen, mas nada como fugir da noia da cidade grande numa cama confortável. O preço a pagar era barato: dormir com um hippie sem compromissos.

A neo-hippie chegou a Bagagem sem avisar, trazendo a tiracolo, além da indefectível bolsa de couro, uma amiga que era quase um clone seu. Daniela se parecia demais com Solange, um pouco mais branca, um pouco mais tímida. A noia que trazia Daniela em fuga era parecida, mais engarrafada, mais quatrocentona, paulista.

A dupla que desceu do ônibus só não deixou Mário totalmente descrente do seu fim de semana porque Julio estava por ali. Era necessário, fundamental, inexorável que Julio ficasse com a amiga para que Mário pudesse curtir a presença de Solange. Mário tratou de procurar Julio antes de se apresentar às meninas.

Encontrou Julio à beira do rio, tentando escrever alguma coisa em um caderno.

– Julio! Preciso falar contigo!

– Pô, Mário, logo agora que eu tô concentrado no trabalho. Fala mais tarde.

– Trabalho, que trabalho?

– Eu tô tentando escrever.

– Escrever o quê? Uma carta?

– Não, um livro. É uma ideia pra um livro que eu tenho há um tempão e eu tô tentando aproveitar a paz daqui pra colocar em prática.

– Que livro? Livro tem um monte de palavra escrita, mas esse caderno aí tá quase em branco.

– É que eu comecei agora...

– E vai continuar mais tarde. Agora essa sua carreira de escritor pode esperar um pouco. Eu tô precisando de você com urgência.

Mário puxou um relutante Julio pela camisa.

– Tem que ser agora, João Ubaldo Ribeiro! Larga esse caderno, Machado de Assis! – Mário arrancou o caderno das mãos de Julio e, sem deixar espaço para reclamações, saiu falando:

– Elas chegaram! São duas! Gatas, gatíssimas! Uma delas, a Solange, já esteve aqui duas vezes. E nas duas ficou comigo!

– No seu quarto? – perguntou Julio, sem esconder um tom de ironia.

– Justamente! No meu quarto! Agora ela tá aí novamente, só que agora ela veio com uma amiga, cara!

– Parabéns, campeão! Vai fundo! Mas você acha que as duas vão querer dormir no seu quarto?

– É claro que não! Aí é que está o problema, mulher em dupla é foda, difícil de se separar. Só se as duas se derem bem. Aí é que você entra!

– Eu entro onde? No seu quarto? – Julio estava se divertindo.

– Deixa de ser babaca, porra! Você entra na parada porque você tem que ganhar a amiga.

– Que papo é esse de ganhar a amiga?

– É gata! É maravilhosa! Vai por mim! Você tem que ganhar a gata. Não se preocupa, vai ser fácil. É só fazer o que eu disser pra fazer que vai ser moleza!

– E o que eu tenho que fazer? – Julio achou que podia se divertir mais um pouco ouvindo as dicas do hippie para conquistar a amiga de sua "vítima". – Você tem um manual de como ganhar mulher?

– Vai na minha que você vai se dar bem. – Mário foi categórico. – Talvez eu tenha um pouco de dificuldade para ganhar mulheres em qualquer outro lugar, mas aqui, na minha área, jogando em casa, eu tenho uma tática infalível. Você faz o que eu disser, que não tem erro!

O professor então deu início à sua aula:

– Primeiro você fica quieto, não fala nada.

– Você acha que eu vou ganhar a mina calado?

– Exatamente. Esse é o truque. Essas meninas quando vêm aqui pro mato, não estão procurando sexo. Mulher não é que nem homem que está sempre pronto pra encarar uma mina. Não! Mulher é diferente. Então o lance é ficar calado. Quem fala muito acaba falando besteira. Quem fica quieto não fala merda. Quem não fala merda é inteligente, quem é inteligente sem abrir a boca é sábio. E quanto menos se fala, mais sábio se parece.

– Sábio? Um sábio calado!

– Sábio não fala, cara! Sábio... sente!

– Eu não sou sábio, mas estou sentindo. Sentindo uma vontade danada de rir dessa teoria idiota. – Julio falava rindo.

– Eu vou te explicar melhor a parada pra ver se você entende. Na cidade é que se fala muito, sacou? No mato a gente sente. É esse o clima, sacou? As minas vêm pra cá buscando paz de espírito. Então você, que agora é um morador do mato, como eu, tem que passar esse clima de mato pra elas, saca? No mato as experiências são sensoriais. Nós somos caras que vivemos na natureza, que transamos a natureza, conhecemos a natureza. Nós nos expressamos de outras maneiras. Maneiras misteriosas para as pessoas da cidade. Falar é urbano. É fundamental criar um clima de mistério. Quanto mais misterioso você for, melhor. Então, um cara que quase não fala é misterioso, sacou?

– Pra mim um cara que quase não fala é esquisito!

– Na cidade é, no mato é misterioso. Se ela achar você misterioso o bastante para merecer que se desvende esse mistério, aí tu se deu bem. É bola na caçapa!

– Bola na caçapa não é uma expressão muito urbana?

Mário não se importou com a piadinha de Julio.

– O que importa é que a mina só vai ficar a fim se ela achar que você é diferente do que ela tem lá na cidade. Ela tá vindo pra cá curtir coisas diferentes, tá procurando novas experiências...

– Ser um sábio calado misterioso é uma nova experiência pra mim também! – Julio tentava se defender do papel que o hippie queria que ele representasse. – Eu não sei se tô a fim de ficar sem falar nada um fim de semana inteiro!

– Não precisa ficar de boca fechada o tempo todo. É pra falar pouco. É só por um fim de semana. Depois que elas forem embora, tu pode voltar a ser o babaca que você é normalmente!

Julio não conseguiu responder à provocação de Mário, interrompido pela chegada das meninas.

– Oi, Mário. – Solange se aproximou.

Mário abaixou-se, pegou uma folha no chão e começou a examiná-la detidamente.

– Oi, Mário, sou eu, a Solange. – A menina insistiu.

Mário olhou pra Solange por um décimo de segundo indicando que a tinha reconhecido, mas rapidamente voltou a examinar a folha, como se procurasse nela o significado da vida ou do universo, parecia investigar algum segredo milenar escondido naquela simples folha.

Solange tentou dar prosseguimento à conversa.

– Vim de novo pra cá pra fugir daquela noia da cidade grande. Ah, essa aqui é minha amiga, a Daniela. Pode chamar de Dani. Ela é paulista.

– Oi – Daniela, tímida, cumprimentou.

Sem tirar os olhos da folha, Mário emitiu, num volume mínimo, sua primeira palavra:

– A folha...

Julio observava pasmo a performance do hippie. Ficou com vontade de perguntar o que, afinal, ele estava vendo naquela folha, uma folha de árvore comum, nada diferente de qualquer outra que existisse por ali.

Mário continuou:

– A folha verde. Caída ao amanhecer. Seca ficará.

As meninas olharam pra Mário esperando uma atitude, uma palavra a mais, alguma dica que lhes indicasse o que fazer ou falar. Mas Mário continuava olhando fixamente para a folha. Mostrando um exímio domínio de sua técnica, esperou o tempo exato e finalmente olhou direto para Solange. Mais um segundo e a situação ficaria constrangedora. Mário olhou ternamente para Solange e falou:

– Solange, você? Revê-la é dádiva. Calma, serena...

Julio não estava entendendo nada. A transformação do hippie em algo parecido com um monge, ou um guru, ou um poeta maluco, ou seja lá o que fosse aquilo, era inacreditável. Uma fala mansa, que parecia sair do fundo da alma, as frases curtas que pareciam trazer mensagens profundas. Um sábio, um verdadeiro sábio. Teve vontade de bater palmas, de pé. O autor! O autor!

O autor estava ali, sendo admirado por Solange. O feitiço já fizera efeito sobre a carioca. Seus olhos brilhavam. Ela queria ouvir mais.

– Mário, eu morro de inveja de você, morando aqui no mato, longe daquele estresse da cidade grande. Você nem imagina a loucura que está no Rio.

– Rio que se mata. Cidade que desmata. Cidade morta.

Julio começou a perceber que as falas de Mário tinham sempre algo em comum, algum critério básico, algum método. Sempre três frases curtas, uma métrica que se repetia... Pensou um pouco e de repente a resposta veio à tona. Haicais! Era isso! Julio finalmente matou o segredo das misteriosas falas de seu amigo. Ele falava por haicais, aqueles poeminhas chineses ou japoneses. Que filho da puta! Nada mais misterioso, místico e oriental do que um homem que fala através de haicais. Tentou o seu próprio haicai para se apresentar:

– Sou amigo Julio. Amigo de Mário. Amigo de vocês.

Odiou. Todos odiaram. Chegaram a fazer cara feia, como se tivessem escutado uma nota desafinada. Parecia um índio de filme americano. Mário apontou uma borboleta que estava pousada em uma flor e as meninas se aproximaram para examiná-la. Mário aproveitou que elas se ocupavam com a bela visão para puxar Julio prum canto.

– Que porra é essa que você falou? Parecia o Tarzã falando!

– Haicai. Você acha que eu não percebi que você tá falando por haicais?

– Mas isso que você falou não é haicai nem aqui nem na China!

– Na China é.

– Não, ô imbecil, nem na China! Haicai é japonês. São dois versos pentassílabos e o outro, o do meio, heptassílabo. Por isso que eu disse pra tu ficar calado. Haicai é uma fase avançada do método. Eu já tenho um monte preparado. – As duas meninas voltaram a se aproximar, obrigando-os a parar de cochichar.

– Ah, a natureza é maravilhosa! Que borboleta linda! – Solange estava extasiada.

– Borboleta só. Borboleta voando. Olhar voando.

Julio não gostou muito desse haicai, mas era melhor do que o seu. Mário também não ficou satisfeito com sua criação e se desculpou baixinho com Julio.

– Esse não foi muito bom, tive que improvisar.

Mas as meninas já estavam ganhas. Tudo que Mário falasse era lindo, era poético e, principalmente, misterioso. A conversa continuou no ritmo dos haicais. Dessa maneira combinaram tudo. Elas dormiriam no quarto de hóspedes, Julio ficaria na rede da varanda e Mário em seu quarto.

Logo na primeira noite, Solange embarcou no quarto de Mário Filósofo e ali ficou ancorada por todo o fim de semana. Saíam pela manhã para curtir o verde, sentir o frescor do mato, energizar-se com a natureza e outros clichês neo-hippies. Mas ao cair da tarde voltavam ao abrigo do quarto, onde o assunto era de outra natureza.

Mário permanecia falando por haicais, mantendo sua aura de mistério. Só esquecia daquela afetação pseudoesotérica nos momentos em que rolava sexo, quando falava sacanagens sem se preocupar com poesia, mistérios ou vida no campo. O sexo no campo era tão selvagem quanto o da cidade grande.

Já a paulista Daniela tentou dormir no quarto de hóspedes. Mas ninguém seria capaz de aguentar uma noite inteira naquele quarto. Dormir ali, acompanhada dos mosquitos e do frio, era impossível e Daniela não perdeu muito tempo tentando provar o contrário. Sem conseguir pegar no sono, levantou-se e seguiu o caminho natural. Meio sonada, procurou o quarto de Mário. Como a armadilha já estava ocupada por outra presa, não restou alternativa à Daniela senão ir para a varanda, onde Julio dormia na rede. Percebendo sua chegada, Julio desistiu de seguir os conselhos de seu mestre e não ficou calado. Nem se expressou através de haicais. Puxou assunto e o papo veio fácil. A conversa que começou versando sobre mosquitos, frio e dificuldade para dormir, logo enveredou por outros temas. Conversaram até as cinco horas da madrugada. Julio encantou Daniela quando contou que era escritor, ou queria ser. E descobriu o poder de sedução que o mundo artístico traz, mesmo um escritor sem livros publicados ou cineasta sem filmes, ou compositor sem repertório ou artista de circo sem picadeiro. Julio e Daniela acabaram dormindo juntos na rede.

*****

Eustáquio tentava encaixar a busca a seu filho desaparecido em sua rotina. As idas ao jogo de damas e ao Clube Militar tinham agora um objetivo investigativo, assuntar com os aposentados buscando informações. A leitura do jornal servia como pesquisa sobre pistas ou indícios do paradeiro de Julio. Mas tudo isso não passava de jogo de cena, pois no fundo Eustáquio não tinha a menor ideia do que devia fazer para tentar achar seu filho ou mesmo quem devia procurar. Sua única ação para tentar rever o filho passou a ser sair de casa, com o pretexto de tomar alguma atitude. Deixava a mulher de vigia à frente do telefone e saía para tentar descobrir algo sobre Julio. Mas assim que saía de seu prédio, percebia que não havia o que fazer. A última alternativa era esperar que funcionasse o plano de Edna. Esperar que o traficante voltasse para pegar a cocaína, trazendo notícias do filho. O plano de Edna mexia com as convicções mais profundas de Eustáquio, que tinha urticárias toda vez que lembrava que havia cocaína guardada em seu armário. Manter sob sua guarda uma substância ilegal em alta quantidade, sem avisar as autoridades competentes, incomodava demais ao militar. Mas como o plano de Edna era o único que ainda restava para tentar descobrir o paradeiro do filho, então Eustáquio fingia que não sabia de nada. Se quisesse abrir o olho, perceberia os vários indícios de que um movimento estranho ocorria em seu apartamento. Mas estava cego para tudo. Seguia seu dia a dia, triste com o sumiço do filho, mas de alguma maneira tranquilo por respeitar a velha rotina. Apegava-se ao jogo de damas e à conversa com os amigos.

Mas é difícil cobrir os olhos de uma pessoa, a ponto de impedir que ela perceba a existência de um sujeito gordo, enorme, com um olho cego e cara de mau que passa um dia inteiro na porta da sua casa como se estivesse tomando conta de algo.

Eustáquio saiu cedo de casa, no horário de sempre, e logo percebeu a presença de Orlando Caolha. Fingiu que não era com ele. Na volta para o almoço, lá estava o sujeito enorme de novo. E ao descer novamente para a rua, continuava por ali o grandalhão, praticamente colado ao chão. Eustáquio tentou ao máximo não pensar naquilo, mas o próprio tamanho do sujeito o impedia de esquecer o assunto. A cara de mau do Caolha praticamente obrigou o cérebro de Eustáquio a funcionar e aí bastaram poucas sinapses de seus neurônios para perceber que aquele sujeito suspeito estava em atitude suspeita, em local suspeito.

Eustáquio resolveu perguntar ao gordo o que ele fazia por ali. Aproximou-se de Orlando Caolha e, antes de tentar abrir a boca para esboçar alguma palavra, ouviu um grunhido vindo da direção do sujeito, o que avaliou como sendo um cumprimento, alguma espécie de "boa-tarde".

– Boa-tarde – respondeu educadamente Eustáquio –, o senhor é morador novo daqui?

Ouviu um novo grunhido como resposta. Achou que não era outro cumprimento, pois essa fase da conversa parecia superada. Mas não conseguiu identificar a resposta nem como positiva, nem como negativa. Repetiu a pergunta.

– Desculpe, eu não entendi direito. O senhor mora por aqui?

O gordo o fitou com seu olho bom e respondeu com cara de mau.

– Não! – Só essa palavra. Mas dita de um jeito que podia ser tranquilamente traduzida como: "Não, e daí? Qual é o problema? Vai encarar? Eu posso ficar aqui se eu quiser, porque eu sou grande, forte, tenho cara de mau e estou armado e nenhum idiota devia ficar me perguntando o que eu estou fazendo aqui, entendeu?"

Eustáquio não entendeu. Continuou seu interrogatório.

– O senhor me desculpe, mas é que eu sou morador desse prédio aqui em frente e, sabe, eu estou vendo o senhor parado aqui há um bom tempo. Só por curiosidade: o senhor está esperando alguém que mora por aqui?

O brutamontes resolveu que não valia a pena responder mais ao velho que o cravava de perguntas. Olhou para o outro lado, desconsiderando a presença de Eustáquio. O militar irritou-se.

– Eu estou falando com o senhor!

Nenhuma reação do grandalhão.

– O senhor é surdo? Não está escutando a minha pergunta? O senhor mora aqui? Conhece alguém aqui?

Nada. Nem pestanejou. Eustáquio, furioso, avaliou a possibilidade de tomar alguma atitude mais agressiva, avaliação que não necessitou de mais do que alguns milésimos de segundo para ser feita, devido ao tamanho do adversário. Saiu o mais rápido que a sua única perna permitia na direção de seu prédio onde, ofegante, perguntou ao porteiro:

– O senhor conhece esse sujeito que está parado aí na porta?

– Não, seu Eustáquio. Não conheço não. Nunca vi não.

– Ele tá parado aí desde quando?

– Ó, eu tô vendo ele aí desde cedo.

– E o senhor não fez nada?

– Fazê o quê, seu Eustáquio?

– Olha, seu Severino, o senhor faz o seguinte: o senhor chama a polícia se ele continuar por aí.

Severino, porteiro esperto, desconfiava que o policial mais próximo do prédio era o próprio grandalhão. Mas prometeu chamar a polícia, para acalmar o militar reformado. Eustáquio entrou no elevador. Quando chegou ao seu apartamento, quase não conseguiu inserir a chave na fechadura, tão nervoso se encontrava. Entrou em casa correndo e, esbaforido, falou:

– É impressionante esse prédio. Imagine que tem um sujeito horrível lá embaixo, parado na porta do prédio desde de manhã cedo e ninguém faz nada! Muito esquisito isso!

– Que sujeito é esse? – Sílvio perguntou.

– Um gordo enorme mal-encarado que está lá embaixo. Ele está lá, parece até que vigiando o prédio.

Sílvio não tinha dado muita importância ao pai, mas acendeu um sinal de alerta quando ouviu que o sujeito era gordo e mal-encarado.

– Como é que é mesmo esse sujeito?

– Bom, ele é enorme, cara de mau e tem um olho defeituoso, como se fosse cego.

– Um olho caolha? Ele tá lá embaixo?

– Desde cedo.

"Caralho!", pensou Sílvio. "Orlando Caolha! É por isso que o movimento diminuiu! Puta que pariu!" Sílvio saiu zunindo pela porta, deixando Eustáquio sem saber por que o filho ficara tão transtornado.

*****

Assim que entrou na delegacia, Sílvio sentiu um bafo quente bater na sua cara como se fosse um soco. O calor ali dentro devia chegar aos 50 graus, mas o policial que atendia no balcão envergava uma jaqueta de couro. Debaixo da jaqueta, uma camiseta regata e no pescoço dois grossos colares de ouro que quase cobriam uma tatuagem no peito, com o desenho de uma mulher gostosa e em cima a frase "Eu sou fodão". O atendente tirou os óculos escuros, que usava mesmo com a luz amarelada que as poucas lâmpadas da sala de espera da delegacia forneciam.

– Veio dar queixa de quê? Assalto? Roubo de carro? Deve ser roubo de carro, tão roubando muito carro aqui nessa área...

– Não, eu não vim dar queixa de nada...

– Então tu veio pra ser hóspede?

– Hóspede?

– É, malandro. Hóspede do hotel da polícia. É pensão completa. Café, almoço e jantar. Isso quando não é você que é a janta. – Riu desbragadamente, seguido por outros policiais que por ali circulavam.

– Não, não vim ser hóspede. É que eu tenho um assunto com o detetive J. Rui. Ele está?

– Tá, mas não pode atender agora. O delegado está de licença e quem tá substituindo é o delegado adjunto Amauri. Só que o Amauri ainda não deu as caras hoje, então o detetive Jota é que tá atendendo. Só que o Jota tá assoberbado. Assoberbado! Falei difícil! Gostou?

Sílvio não fez cara de quem tinha gostado. O policial percebeu, mudou o semblante e ordenou:

– Senta ali naquele banco e espera. – Apontou para o banco onde cinco pessoas já se amontoavam. Vieram dar queixa de roubos de carros, carteiras ou outros objetos pessoais. Mas até aquele momento só tinham conseguido dar queixa do tempo que lhes estava sendo roubado. Todos ali esperavam para falar com alguém, quem quer que fosse, que pudesse lhes dar uma luz ou garantir um esforço extra da polícia para resolver seus casos. Na ausência de quase todo mundo na delegacia, quem podia dar essa luz era J. Rui. E J. Rui, de saco cheio da responsabilidade que caía em seu colo, mandou o policial de jaqueta segurar todo mundo na sala de espera, até que pelo menos metade dos queixosos desistisse de esperar e fosse embora.

– Desculpe, mas o meu assunto é pessoal. – Sílvio ainda tentou argumentar.

– Todo mundo ali tem assunto pessoal. Senta direitinho no banquinho e não enche o saco, tá legal?

Sem alternativa, Sílvio apertou-se no banco. Ao seu lado um sujeito de uns 40 anos, o paletó no colo, a gravata afrouxada, o colarinho aberto, as mangas da camisa dobradas, olhou duro para Sílvio.

– Eu já estou aqui há duas horas. Se você passasse a minha frente eu ia quebrar essa delegacia inteira.

Sílvio olhou para as outras pessoas que esperavam sentadas e concluiu que os ânimos e as intenções eram os mesmos. Ficou calado na esperança de que o esquecessem. Mas quem está há duas horas numa delegacia tem necessidade de reclamar com alguém, e o sujeito com o paletó no colo já havia contado sua história pra todo mundo, menos para Sílvio. Tratou de fazê-lo.

Sílvio ouviu a história do carro importado do sujeito que foi roubado, que ele veio dar queixa, que queria falar com o delegado, mas que o delegado não estava, então ele queria falar com a autoridade máxima naquela delegacia, que ele era amigo do secretário de Segurança, que o policial com pinta de playboy disse que ele tinha que esperar, disse que o tal do Amauri não ia demorar, e que o tal do detetive Jota alguma coisa ia atendê-lo se ele não chegasse, mas podia demorar, que isso tinha sido há mais de duas horas, que o tal do detetive estava lá, mas não atendia ninguém, que o delegado adjunto não chegava nunca, que ele trabalhava no mercado financeiro e estava perdendo milhões de dólares ali esperando.

A ladainha só foi interrompida pela entrada de uma loura rebolativa na delegacia. Era Madalena, vestindo uma calça comprida apertadíssima com a cintura tão baixa que dava para ver a marca de biquíni no corpo queimado. Dava para entrever também uma tatuagem de borboleta que a moça tinha bem embaixo do umbiguinho. A miniblusa decotada disputava a atenção dos olhos dos homens presentes. Todos já tinham esquecido do carro roubado do corretor que, por sua vez, não lembrava mais que já tinha perdido milhões de dólares naquela manhã.

Madalena se aproximou do balcão onde o policial de jaqueta já tinha tirado a jaqueta para impressionar a mina com os músculos do braço. Ele também afastara as correntes de ouro para que ela pudesse ler direito o "Eu sou fodão" da tatuagem. O policial de jaqueta, agora sem jaqueta, sabia que Jota Rui andava traçando Madalena, não queria armar confusão cantando a louraça, mas era sempre bom mostrar que qualquer coisa, ele estava ali.

Madalena sussurrou um "Oi" bem mais sensual e de duração bem maior que um "oi" comum.

O policial mexeu os braços de maneira a mostrar bem claramente o contorno dos músculos do seu bíceps.

– Oi, princesa.

– Eu quero falar com o Jotinha. É pessoal.

– Claro, princesa. Só se for agora. – Ele indicou a direção e a loura saiu bamboleando.

Todos os presentes pularam no balcão soltando faíscas. Irritadíssimos, gritavam todos ao mesmo tempo. As reclamações não fugiam muito do convencional destas situações.

– Que absurdo! A gente tá aqui esperando há horas!

– Por que a moça entra e a gente não? O que ela tem que nós não temos!

– Você sabe quem eu sou? Eu tenho parentes importantes!

– Isso é o Brasil! Só porque a moça tem a bunda boa passa na frente!

O policial de jaqueta, agora sem jaqueta, acabou com a balbúrdia com um grito, que procurava mostrar que a sua tatuagem não era lorota. Ele era fodão mesmo.

– Todo mundo sentado, porra! – A delegacia estremeceu com os decibéis da voz do policial. Ele baixou um pouco o volume e continuou firme. – Todo mundo vai ser atendido quando o detetive puder! O caso da moça é pessoal.

– Mas o senhor falou que todo mundo aqui tinha um caso pessoal.

– Mas o caso dela é mais pessoal que o de vocês! – Uma lógica cartesiana que acabava com qualquer argumentação. Dois dos queixosos desistiram de esperar e foram embora. Os outros permaneceram, bem mais tensos e irritados. Ninguém chegou a perceber que Sílvio não estava mais na antessala da delegacia. Quando todos foram reclamar da moça no balcão, Sílvio aproveitou e sorrateiramente entrou na mesma sala que Madalena entrara. Pegou a moça sentada no colo de J. Rui enchendo ele de beijos e pedindo desculpas pela última vez no motel, quando ela o largou sozinho com o efeito do Viagra nas mãos. A entrada de Sílvio fez a moça saltar do colo para o chão e J. Rui levantar-se sobressaltado. Já ia dar voz de prisão ao rastafári, mas não conseguiu nem falar, afogado pela enchente de palavras que vinha da boca do rapaz.

– O Orlando Caolha tá direto na porta do meu prédio. O cara chama uma atenção danada! Ninguém tá subindo pra comprar nada com aquele sujeito enorme, com cara de cana tomando conta do prédio. Antes que você venha reclamar de que o movimento baixou, de que eu tô te enrolando ou te enganando ou qualquer parada do tipo, eu tô logo te avisando que, com aquele cara lá, neguinho não sobe nem pra comprar cafezinho!

Antes que Sílvio se estendesse mais sobre o assunto na frente de Madalena, J. Rui tratou de acalmar o garoto. Percebeu rapidamente o que estava acontecendo na entrada do prédio. Levantou-se e fechou a porta da sala. Voltou para a sua mesa e foi duro, procurando mostrar quem é que mandava ali, dando o tom que a conversa deveria ter dali em diante.

– Muito bem. Se você entrar aqui gritando novamente, atrapalhando o meu trabalho eu vou te capar, morou? Vou cortar sua piroquinha pelo cabresto com uma tesoura enferrujada, morou? – Virou-se para Madalena e desculpou-se pelo palavrão, mas sabia que ela tinha adorado ver aquele esporro. Sabia que marcara pontos.

J. Rui levou Sílvio até um canto da sala, de maneira que pudessem conversar sem Madalena escutar.

– O movimento caiu? – J. Rui perguntou bem baixinho.

– Praticamente zerou. Nem morador tem coragem de subir.

– Puta que pariu! O Caolha é burro pra caralho! Eu mandei ele dar uma olhadinha de vez em quando no prédio pra ver se estava limpeza. A besta resolveu fazer o serviço completo, ficou lá direto. Pode deixar que eu dou um jeito nisso.

9

Algumas moças só namoram rapazes que têm carro. Não adianta o sujeito ser legal, bonito, carinhoso, se não estiver motorizado, a Maria Gasolina não quer saber dele. Já outras, as Marias Chuteiras, são especializadas em jogadores de futebol. Só querem saber de boleiros, de preferência os de times grandes, que estão sempre aparecendo nas páginas esportivas dos jornais. Existem as que só namoram pagodeiros e até as que só gostam de bandidos. Madalena era do ramo de policiais. A louraça não estava dando em cima de J. Rui à toa, ele era o sexto policial em seu extenso currículo. Madá adorava a proximidade com o poder policial, era apaixonada pelo ambiente policial e tinha um faro especial para descobrir os policiais desonestos, sua preferência, pois através deles podia fazer vários bons "negócios".

Na tarde em que Madalena resolveu dar mais uma investida em J. Rui, na fase de seu jogo de dar em cima para depois negar, acabou escutando a sua conversa com Sílvio. Apesar de loura, Madalena não era nem um pouco burra. Mesmo com todos os artifícios utilizados por J. Rui para disfarçar o teor da conversa, Madalena deduziu que o assunto era cocaína. Não sabia os detalhes, mas o essencial ela sabia: J. Rui estava negociando com coca.

Madalena não precisou se esforçar muito para bolar uma maneira de utilizar aquela informação privilegiada. Procuraria um ex-namorado, que também era policial, e lhe ofereceria a informação.

Detetive José Maria Bardotti, ou Barriga para os mais chegados, era lotado na delegacia de Ricardo de Albuquerque, subúrbio do Rio de Janeiro, a mais de 30 quilômetros do Centro. José Maria gostava que lhe chamassem de Barriga. Mesmo sendo uma alcunha um pouco depreciativa, era melhor do que a que chegou a ganhar pela semelhança do sobrenome Bardotti com o da famosa atriz francesa: detetive Brigite. Madalena acabou o namoro com Barriga porque achava Ricardo de Albuquerque muito longe. Preferiu investir em uma delegacia mais próxima de Botafogo, onde morava. Barriga era louco por ela. Quando ela começou a reclamar da distância da delegacia ele chegou a lhe prometer um carro. Madalena se entusiasmou, mas a promessa nunca foi cumprida. O único carro que apareceu foi o camburão da delegacia, que Barriga mandou para pegar a moça. Mas Madalena não era mulher de ficar andando de camburão. O namoro acabou e aí veio J. Rui.

Agora Madalena precisava encontrar Barriga de novo. O motivo era profissional. Vestiu uma roupa quase pornográfica, calça da Gang justíssima, sem calcinha, top mínimo mal cobrindo os peitos, sandália de salto alto que a deixava com o bumbum ainda mais arrebitado e investiu dinheiro num táxi para Ricardo de Albuquerque.

Na delegacia, Madalena encontrou Barriga sentado em sua mesa fazendo palavras cruzadas. A louraça sentou-se de surpresa em seu colo.

– Ooooi! Saudades! – sussurrou, ronronou, aveludou a voz.

– Madalena? O que você tá fazendo aqui? – assustou-se Barriga. O rapaz que o policial guardava dentro da cueca também pareceu se assustar, e se colocou rapidamente em prontidão. Barriga preferiu tirar Madalena de seu colo e se levantar de sua cadeira, para poder argumentar melhor com a loura.

– Você não tinha me abandonado? Não disse que não dava pra aguentar Ricardo de Albuquerque, que você era moça da Zona Sul e coisa e tal? Que que você tá fazendo aqui no subúrbio? – E fez questão de frisar a palavra subúrbio enquanto sentava novamente em sua cadeira.

– Ah, Ririga, não caçoa de mim não! Eu senti saudades, foi isso! – Ela aproveitou e sentou mais uma vez no colo do policial.

– Saudades! Tu acha que eu caio nessa? – Ele ainda não tinha caído na lábia da louraça, mas o rapaz dentro da cueca mostrava muita disposição para tal. – Tu veio aqui a fim de quê?

– Olha, Ririga, eu vim pra te ver de novo, conversar, trocar ideias, fazer um cafunezinho... – O ronrom continuava.

– Madalena, eu te conheço bem pra caralho. Tu tá armando alguma. Fala logo o que tu quer, desembucha logo. De acordo com o que for...

– Oh, Rirriga, você é tão pouco romântico... a gente podia tomar um chope, conversar e coisa e tal...

– Coisa e tal o quê?

– Ah, sei lá... coisa e tal... – suspirou Madalena.

– Tudo bem! Vamos sair daqui pra conversar em outro lugar. – Foi a perspectiva do que o "coisa e tal" queria dizer que fez com que a influência do sentinela da cueca fosse decisiva. Barriga levantou-se, pegou o paletó e saíram os dois abraçados da delegacia para tomar chope, conversar e coisa e tal.

Tomaram chope. Acompanhado de batata frita.

Conversaram. Madalena falou sobre J. Rui. Barriga reconheceu esse nome. Conhecia J. Rui da Tijuca, estudaram no mesmo colégio, não foram da mesma turma, mas foram contemporâneos, conheciam-se de vista e de nome. Quem é que podia esquecer de um sujeito que se chamava Jilberto com jota? Madalena contou o que sabia sobre a negociação entre J. Rui e Sílvio. Barriga ouviu e resolveu ali mesmo que ia entrar nesse negócio. Ele contava com a ajuda dela na parada. Barriga daria dez por cento do negócio pra ela.

E coisa e tal. Depois do papo. No motel Shalimar, com cama redonda, espelho no teto, hidromassagem e almoço executivo. Na sobremesa Madalena comeu um crepe flambado. Ela adorava pratos flambados, achava muito chique.

*****

Barriga passou a manhã inteira em frente à delegacia em que J. Rui trabalhava. Assim que J. Rui saiu para almoçar, Barriga se aproximou e fingiu esbarrar com ele. Exagerou um pouco na dose e acabou derrubando J. Rui no chão. Jota já se levantou pronto para dar um esporro no sujeito que o derrubara, mas Barriga, com cara de quem também não estava entendendo nada, tomou a frente:

– Desculpa! Desculpa! – E fingiu reconhecer J. Rui. – Jilberto? É você? – Não foi uma atuação brilhante. Com certeza ele convenceria poucas pessoas de que seu esbarrão não havia sido proposital. Mas, meio zonzo, J. Rui não estava em condições de fazer uma crítica fundamentada à atuação de

Barriga. Só conseguiu olhar atônito para o sujeito responsável pela sua queda, que parecia reconhecê-lo. E ele, o conhecia? De onde? Seu cérebro demorou alguns segundos para sintonizar o canal, a imagem parecia fora de foco, até que, finalmente, um fiapo de informação veio lá do fundo do baú de suas memórias e ele reconheceu o sujeito. Alguma coisa a ver com adolescência, Tijuca, colégio... Foram contemporâneos no colégio, era isso! Mas J. Rui não lembrava o nome do sujeito. Peraí, ele tinha um apelido, um apelido engraçado, algo a ver com cinema. O apelido veio como um raio, direto do cérebro para a boca.

– Brigite? É você?

Não fossem os planos de Barriga de participar do negócio de J. Rui, e ele teria arrebentado as fuças de J. Rui ali mesmo. Trocou um "Brigite é a puta que o pariu!" por uma correção simples das palavras de J. Rui.

– Barriga! Detetive Bar-ri-ga!

J. Rui percebeu a gafe e se corrigiu prontamente.

– Barriga! Claro! Barriga! Você virou policial?

– Claro! E você também é da polícia?

– Hum-hum.

– Que bom, cara! Que maneiro! Mas, há quanto tempo, hein! A gente não se vê desde quando, a sua formatura?

– Acho que foi a sua formatura... quer dizer... a minha formatura...

– Bom, o que importa é que a gente não se vê desde o tempo do colégio.E agora, que coincidência, os dois viramos policiais! Que legal! Caraca, tu lembra da época de escola, lá na Tijuca? Bons tempos, hein! Pô, a gente aprontava pra cacete! Como a gente armava naquele colégio, hein! – Barriga deu uma cotovelada marota em J. Rui, afetando uma empolgação com os bons tempos.

Sua atuação continuava péssima, exagerada, completamente canastrona, mas J. Rui sentia-se em dívida com o péssimo ator por tê-lo chamado de Brigite. Mais uma vez foi brando em sua crítica e aceitou a cotovelada como uma senha para se lembrar dos bons tempos.

– Hum-hum! – Era o máximo que J. Rui conseguia dizer sobre os bons tempos.

– Pô, por que a gente não toma um chopinho e bate um papo?

J. Rui não conseguiu negar. Aceitou o convite com mais um hum-hum.

– Vamos marcar onde? – Barriga fingiu pensar um pouco. – Eu trabalho no Centro – mentiu Barriga. – Vamos marcar por lá?

– Hum-hum!

– Então sete horas no Amarelinho?

– Hum-hum!

Achando tudo muito estranho, J. Rui viu Barriga ir embora sem conseguir esboçar nenhuma reação. Agora era tarde demais, o encontro já estava marcado no Amarelinho. Passou a tarde toda tentando lembrar dos bons tempos na Tijuca junto com Barriga. Não lembrou de nada, nenhum momento especial, nenhuma palavra trocada com Barriga.

Na hora marcada, J. Rui ainda não tinha decidido se ia ou não ao encontro. Decidiu ir, não sabia bem por quê. Talvez estivesse curioso por descobrir que bons tempos tinham sido aqueles, ou talvez porque as tarefas na delegacia estavam muito chatas naquele final de tarde. J. Rui pegou suas coisas, encerrou o expediente e foi encontrar Barriga. Chegou ao Amarelinho, no coração do centro da cidade, alguns minutos depois da hora marcada. Encontrou Barriga tomando um chope e comendo uma porção de frango à passarinho.

– Frango à passarinho. Gosta?

– Hum-hum! – J. Rui continuava sem saber o que falar, pegou uma asinha e comeu para ocupar a boca.

– Eu adoro esse frango à passarinho daqui – prosseguiu Barriga. – É a especialidade da casa. Vai um chope? Garçom! Um chope pro meu amigo aqui!

Barriga falou e falou. Lembrou-se de momentos incríveis que passaram no colégio. Situações que J. Rui não lembrava, vários casos em que J. Rui não participou, Barriga ressuscitou colegas que J. Rui já havia enterrado em sua memória. Riu, gargalhou, lembrou de nomes de professores, falou mal de cada um. Ouviu vários "hum-hums" de J. Rui, alguns acompanhados de tímidas risadas, mais ou menos um "hum-hum" a cada dois minutos, para parecer que participava da conversa. J. Rui estava acabando seu terceiro chope, com quarenta minutos de causos dos bons tempos, já na segunda porção de frango à passarinho, quando, no exato instante em que se preparava para se desculpar e se mandar, Barriga parou de contar uma de suas histórias. Parou de rir, virou-se sério para J. Rui e falou:

– Comi a Madalena ontem!

J. Rui se engasgou com um pedaço de frango e começou a tossir. No meio do acesso de tosse, Barriga pegou J. Rui pelo colarinho, levantou-o o mais que pôde e continuou a falar:

– Tá gostosa ela, hein! Comi ela to-di-nha, rapaz! Quer saber, comi até o rabo da Madalena! Também, uma mulher com um rabo daqueles tem que dar, né, senão não tem graça.

Barriga virou J. Rui de costas, apertou o seu pescoço numa gravata e encostou o cano de um revólver na orelha de J. Rui.

– Eu sei que tu anda traçando ela, mas duvido que tenha comido a rabanca dela. Pra comer cu tem que ter ereção cem por cento e teu pau num levanta cem por cento. Eu tô sabendo que não! A Madá me contou que tua pica é dez por cento e olhe lá!

Barriga já havia levantado J. Rui da mesa e o arrastava com a arma na cabeça pelo bar. Gritava para os outros clientes do bar, procurando explicar o que estava acontecendo.

– Calma, todo mundo! Ninguém se assusta! Eu sou policial! É a polícia agindo!

Alguns frequentadores obedeceram à ordem vinda daquele policial gordo e se acalmaram, agradecendo aos céus por ver a polícia atuando, combatendo o crime. Outros clientes se assustaram com a truculência policial e trataram de pedir a conta apressados.

Barriga carregou J. Rui até um camburão que deixara estacionado na rua ao lado do Amarelinho. No volante da viatura um capanga de Barriga esperava ansioso. O capanga ajudou a empurrar J. Rui para a traseira do camburão, a caçamba, o local onde os presos são guardados. Lá atrás outro policial já estava preparado para receber J. Rui. Barriga entrou na caçamba também e ordenou ao motorista.

– Dá umas voltas por aí que eu tenho que conversar com esse cara!

O camburão deu a partida e seguiu sem rumo certo. A conversa de Barriga e J. Rui é que tinha itinerário planejado.

– Detetive J. Rui. Esse policial aqui comigo é o Arilson. Ele tem uma característica muito parecida contigo. Ele também só sabe falar "hum-hum". Arilson, dá uma porrada nele!

– Hum-hum! – Porrou Arilson.

Barriga continuou:

– Tu achou mesmo que eu tinha vindo aqui pra lembrar dos bons tempos? Bons tempos é o cacete! Estou cagando pros tempos de garoto! Eu nem lembro da sua cara na porra daquela escola! Eu vim aqui pra tratar de coisa séria! Você sabia que a Madalena era minha namorada antes de ficar saindo contigo pra levar umas brochadas? Pois é, mas como eu já comi ela ontem, coisa que você não consegue, e como eu comi o rabo dela, coisa que você não pode nem tentar, eu já me considero vingado nesse quesito. Arilson, dá só mais uma porrada no brocha pro assunto ficar encerrado.

– Hum-hum. – Porrou Arilson.

– Agora vamos ao que interessa. Eu tô sabendo que tu tá armando uma parada em Ipanema. A Madalena me cantou a pedra. Agora, o negócio é o seguinte: ou tu canta a letra toda da música ou eu te deduro pro teu delegado e pra corregedoria. Boto na tua bunda com areia! Arilson, ajuda aí o J. Rui a contar o que ele tá armando em Ipanema.

Arilson, muito solícito, se prontificou a ajudar. J. Rui contou sobre o apê limpeza, o militar limpeza e a dona de casa limpeza. Cocaína de graça de um cabeludo otário, uma boca mais do que limpeza.

Barriga ouviu tudo satisfeito, e ao final deu o veredicto:

– A parada é a seguinte, J. Rui: eu também tô nessa! Não tô nessa, Arilson?

– Hum-hum! – Porrou Arilson.

– Já que você é sócio do mauricinho, eu vou te fazer a minha proposta: um terço pro garotão, pra ele tocar o negócio. Um terço pra tu e um terço pra mim. Ah, isso depois de descontar os dez por cento pra Madalena, que me deu essa dica ótima! Não é justo, Arilson?

– Hum-hum. – Porrou Arilson.

– Eu sei que você vai topar esse ótimo negócio porque tu não tem alternativa. Eu vou te dizer por que que tu vai cumprir o trato. Porque nós dois somos da polícia. Se tu me denunciar, eu te denuncio. Se tu me ferrar, eu te ferro! Se tu me foder, eu te fodo! Se tu quiser, eu posso mostrar um trailer do que pode acontecer contigo se tu vacilar, quer?

– Tá bom! Tá bom! Já entendi! – J. Rui gritou, mostrando finalmente que seu vocabulário continha mais palavras do que "hum-hum". – Tu já me pegou, já me fudeu, já me ferrou! Tua jogada já deu certo, tudo bem, eu sei quando perco o jogo. Agora manda esse babaca parar de me bater que a gente entra num acordo!

– Para um pouco, Arilson.

– É pra já, doutor! – disse desta vez Arilson, que assim não parou apenas de bater, mas também encerrou sua carreira de hum-hums.

*****

J. Rui foi jogado fora do camburão num bairro da periferia. Voltou de táxi para casa, irritado, babando de ódio.

– Sócio? Sócio é o cacete!

– O quê, doutor? – perguntou o taxista.

– Nada não. Fica na sua aí, se não quiser se fuder também! – J. Rui não estava pra conversa

– Calma, doutor! – O taxista calou-se, e, a partir dali, não soltou mais um pio.

J. Rui se sentia humilhado, envergonhado por tomar porrada dentro de um camburão. Não se fazia isso com um policial como ele! Aquilo não podia ficar assim! Sua única dúvida naquele momento era se matava Barriga com uma metralhada básica ou se o sequestrava e torturava com requintes de crueldade, antes da metralhada básica.

J. Rui entrou em casa e foi direto para o banheiro. Tirou a roupa e entrou debaixo do chuveiro. Abriu a torneira e ficou ali, por quase meia hora, tomando um banho de água fria para acalmar. Depois do banho, mais calmo, decidiu-se: daria uma torturada básica antes de metralhar com requintes de crueldade.

Quando já estava deitado em sua cama, acompanhando sem muito interesse um filme de kung-fu na televisão, a campainha tocou. J. Rui levantou-se assustado. Quem seria àquela hora? Pegou sua arma na cabeceira, engatilhou-a e aproximou-se da porta.

– Quem é? – gritou no tom mais agressivo que conseguiu.

– Sou eu, fofo! – uma voz feminina respondeu.

J. Rui esperava tudo, menos uma voz dengosa do outro lado da porta. Não estava preparado para receber um "fofo" na cara. Com a arma em punho, abriu vagarosamente a porta e deparou-se com dois peitos maravilhosos atrás de um top mínimo. Por mais que quisesse, não conseguia deixar de olhar para os peitos empinados como por milagre, ou por obra de algum gênio da engenharia. J. Rui conseguiu finalmente tirar os olhos dos peitos da moça, mas foi para mirar a barriga, onde um piercing no umbigo tentava hipnotizá-lo.

– Oiiii – ronronou Madalena, enquanto roçava o dedo indicador na boca que fazia um biquinho.

– Que que tu tá fazendo aqui a essa hora? – J. Rui estava com muita raiva de Madalena, aquela traidora que entregou seu negócio em Ipanema para aquele gordo filho da puta, aquela safada que lhe prometeu mundos e fundos e entregou os fundos para outro.

– Calma, fofo! – Madalena falava passando as mãos pelo tórax de J. Rui, acarinhando seus cabelos do peito. – Eu vim aqui porque tenho uma coisa pra te dizer... – Madalena descia as mãos pela barriga de Jota, deixando-o em dúvida se acabava logo com a conversa ou se esperava mais um pouco para ver até onde as mãos dela desceriam. A raiva já estava meio misturada a um tesão por aquela louraça rebolativa. Jota ainda tentou parecer duro:

– Eu não quero ouvir nada!

Madalena não se intimidou e continuou acarinhando o peito, a barriga e descendo devagar.

– Olha, Jota, antes que você descubra tudo, eu mesma vou te contar. Eu estive com o Barriga, e contei tudo pra ele do seu negócio em Ipanema.

J. Rui se assustou com a confissão de Madalena, mas a louraça não lhe deu tempo de reagir, enlaçou o pescoço de J. Rui e, usando os peitos como argumentos, continuou:

– Você tinha falhado comigo, eu fiquei furiosa. Aí eu encontrei o Barriga. A gente namorou há um tempo. Ele é louco por mim. Vivia me procurando, mas eu não dava mais a menor bola pra ele. Mas eu estava furiosa, então eu... é... eu saí com ele.

J. Rui ainda tentou reagir, mas ela colocou o dedo indicador sensualmente na boca do policial, enquanto sua outra mão acarinhava a área da cintura de Jota, pedindo um pouco mais de tempo para terminar sua explanação.

– Calma, Jota, escuta tudo. Então quando a gente estava transando, quer dizer, se é que a gente pode chamar aquilo de transa, porque o Barriga é péssimo, se livrou de mim em um minuto! Não sei como eu aguentei namorar aquele balofo! Depois que ele acabou, aí ele começou a perguntar se eu tava saindo com alguém e eu contei que tava saindo com você. E aí, papo vai, papo vem, eu acabei contando o que eu ouvi na delegacia, a conversa do apartamento de Ipanema e coisa e tal. O cara logo se animou, disse que ia te dar uma dura e ia entrar no negócio. Quando eu ouvi isso, fiquei furiosa, reclamei que isso não se faz, é um absurdo! E então ele disse que era pra eu ficar tranquila, que dez por cento do negócio era meu. Eu disse que não queria dez por cento de nada, que aquilo não se fazia. Aí eu saí correndo dali! Fui pra casa e não consegui parar de chorar. Fiquei superarrependida de tudo que tinha feito e... Aí eu resolvi vir aqui te contar tudo, Jota. Eu quero ficar com você, não quero dez por cento de nada! Quero só você! Só você!

– O filho da puta já me esculachou, Madalena.

– Esculachou?

– É, o cara forçou a barra pra entrar no negócio. Botou um capanga pra me dar porrada e...

– Ah, meu Deus, cheguei atrasada! – Madalena ficou nervosa. – Ai, meu Deus! Por que eu não vim logo te avisar! Eu sou uma burra mesmo! Você se machucou muito? – Madalena abraçou Jota e começou a chorar. – Por que eu fiz isso? Você não merece! Eu podia ter vindo te contar logo...

– Calma, Madalena, calma...

– Como é que eu posso ficar calma se você se ferrou por minha causa? – Madalena soluçava, ainda abraçada a Jota.

– Calma, Madalena.

– Ai, Jota, como eu fui burra! Que idiota que eu sou! Desculpa, Jota, eu não queria te magoar, eu gosto tanto de você!

– Calma, Madá, quer beber alguma coisa pra acalmar? Quer uma água, uma cerveja?

Madalena aceitou a oferta. Caminhou rebolando até a geladeira. Achou uma garrafa pequena de cerveja na porta. Abriu a garrafa e começou a beber o líquido, sugando o gargalo sensualmente, num movimento que ficava cada vez mais ousado, chegando a algo próximo do pornográfico. Chupava o gargalo com sofreguidão, mesmo depois de acabar toda a cerveja. J. Rui não aguentou, entrou em transe assistindo àquela cena. Só saiu do transe para pular em cima de Madalena. Agarraram-se e fizeram sexo ali mesmo, na pia da cozinha. J. Rui nem se lembrou mais das últimas brochadas, da cena ridícula do Viagra no motel, tudo isso era passado. J. Rui era um macho sem problemas, em plena forma, completamente curado.

Madalena nem deixou J. Rui descansar, levou-o em seguida para a cama, tirou o que restava de suas roupas e, rebolando o exagerado traseiro, se ofereceu para mais uma rodada. J. Rui não aguentou a visão daquele poposão insinuante e partiu para o segundo tempo, que completou a contento, cansado, extenuado, mas vitorioso.

Madalena é que não estava ainda satisfeita. Queria uma prorrogação. Resolveu repetir a cena da cerveja, mas agora sem a garrafa. Sugou de novo com sofreguidão o novo gargalo, até que J. Rui, depois dos dez difíceis minutos desse tempo extra, conseguiu marcar o *golden* gol. Um gol na raça, já que seu jogador não tinha mais a menor condição de jogo. J. Rui ofegante, quase desmanchando em cima da cama, nem lembrava mais do que se passara naquela mesma noite no camburão com Barriga.

– Ai, Jota, você ainda tá chateado comigo?

– Tudo bem, Madá! No começo eu fiquei puto mesmo contigo, mas agora eu tô mais calmo. O importante é que você me contou a verdade! Isso é que é importante!

– Ah, fofo! Eu te amo! – Madalena abraçou Jota Rui e lhe deu um beijo na boca. – Eu te amo! Eu te amo!

– Eu também – sussurrou Jota.

Madalena acariciou os cabelos de J. Rui, se preparando para entrar num novo assunto. Depois de respirar fundo, perguntou:

– E o que você vai fazer com o Barriga?

– Isso é coisa minha. – Jota afastou Madalena.

– Você vai matar ele?

– É coisa minha.

Madalena pegou um cigarro e acendeu. Tragou profundamente e soprou a fumaça pra cima, esfumaçando o quarto.

– Eu tenho uma coisa pra te dizer, fofo.

– Que coisa?

– É que... eu acho que... eu acho que matar o Barriga é a maior bobeira que você pode fazer. Só vai sujar a sua barra. Cê acha que o pessoal dele não vai investigar pra descobrir quem matou? E você sabe que polícia quando quer descobre tudo, né? Então, eles vão te descobrir logo e a coisa pode sujar pro seu lado.

J. Rui ficou calado. Madalena continuou:

– Então, em vez de matar ele, você pode fazer com ele o mesmo que ele fez contigo.

– Como assim?

– Ora, fofo, você acha que o Barriga não tem um monte de armação que nem essa que você tem lá em Ipanema? Então, você deixa ele entrar no seu negócio de Ipanema, descobre os negócios sujos dele, aí tu dá o bote nele que nem ele fez contigo. Se você quiser eu posso te ajudar, Jota.

– Não, você não vai fazer mais nada! Deixa as minhas paradas comigo mesmo, tá?

– Mas Jotinha...

– Fica na sua! Deixa as minhas paradas comigo mesmo, tá?

– Mas o que você vai fazer?

– Deixa comigo! Eu já sei o que vou fazer...

– E eu, o que eu faço?

– Tu finge que tá tudo certo, pode ficar até com os dez por cento que o Barriga te ofereceu, só me promete uma coisa: que tu não vai ter mais nada com o Barriga.

– E depois dessa nossa noite maravilhosa você ainda tem alguma dúvida?

10

No domingo, Julio acordou com gosto de despedida na boca. Sabia que, à tarde, Daniela iria voltar para São Paulo e ele para o Rio, encerrando o melhor fim de semana de sua vida. Logo após o café da manhã, Julio pegou Daniela pela mão e a puxou para um passeio. Tentaram contemplar a paisagem, o que só conseguiram quando por pouquíssimo tempo se desvencilharam um do outro. Os dois corpos tentaram ocupar o mesmo lugar no espaço até a hora do almoço, quando se lembraram de uma outra utilização para a boca, além de beijar. Almoçaram no bar do Venceslau. À tarde deitaram-se na rede da varanda da casa de Mário e ensaiaram a despedida. Transaram na rede e depois ficaram preguiçosamente deitados, abraçados, numa mistura de braços e pernas. Ainda enroscados, dormiram um sono apaixonado. Quando Julio acordou, não viu Daniela ao seu lado.

– Daniela! Daniela! – Julio levantou-se da rede gritando o nome da namorada, mas só conseguiu atrair Mário.

– A Daniela já foi – Mário disse, sentando-se no chão da varanda.

– Foi pra onde?

– Pra São Paulo, porra. Ela mora lá.

– Como é que ela foi embora assim sem se despedir de mim?

– Pois é, foi justamente isso que ela disse pra mim. Ela disse que você estava dormindo tão bonitinho, que ela resolveu não te acordar. Ela disse que o lance de vocês era tão lindinho, tão gostosinho, tão nãoseiquezinho, que ela não ia aguentar se despedir de você, que ia chorar muito e coisa e tal, então resolveu ir embora com a Solange sem falar contigo. Mas ela mandou um beijo.

– Só isso? Só um beijo?

– É, um beijão! Um superbeijo. Pode ficar tranquilo que eu acho que era um beijão.

– Caralho! A Dani foi embora! E agora? Eu não sei o telefone dela, não sei o endereço, tô fudido.

– Calma, meu irmão, tu acha que o seu amigo aqui ia te deixar na mão? – Mário tirou do bolso um papel amassado, que desamassou e deu pra Julio. – Taqui! A mina deixou tudo, nome, endereço e telefone. Se eu pedisse o RG, ela dava. Acho que dava até grana se eu pedisse. Porra, a mina tá paradona na sua, hein!

– E eu na dela. – Julio colocou as duas mãos na cabeça ensaiando um choro.

– Calma, meu irmão. Calma que ela e a Solange disseram que voltam na quinta.

– Volta na quinta? Mas ela não tem aula?

– Ah, meu irmão, acho que elas vão matar aula ou uma parada dessas. O lance é que elas disseram que voltam na quinta. Acho que dá pra gente esperar elas até quinta sem tentar o suicídio.

– Tu é engraçado pra caralho. Tu esqueceu que eu tenho que me mandar, porra. Que eu disse que ia voltar hoje pra casa?

– Hoje? Como? O último ônibus era aquele que elas foram.

– Porra, aquele era o último ônibus? Tu sabia disso e não me avisou?

– Não. Tu acha que eu vou ficar aqui curtindo a espera sozinho? Nem a pau! Eu também fiquei ligadão na Solange, meu irmão. Também tô curtindo uma fossa! E não vou segurar essa sozinho não! Tu vai ficar comigo mais uma semana.

– Tá, eu fico.

– Fica mesmo? – Mário se surpreendeu com a rápida capitulação de Julio.

– Fico. Mas eu tenho que avisar os meus pais!

– Tudo certo. Vamos lá no bar do Afrânio pra telefonar pra mamãe e papai. Dessa vez eu sirvo de intérprete.

Andaram os 5 quilômetros até o bar do Afrânio só para descobrir que dessa vez o telefone não estava péssimo, estava quebrado. Mário ficou revoltado.

– Porra, Afrânio, tu nunca conserta essa porra desse telefone!

– Foi ô tefô qui mudô!

– Mudô é o caralho, Afrânio! Ficou mudo, emudeceu, quebrou, não é mudou que se fala! Aprende a falar, porra!

– Num fi nevô, mini!

– Fico nervoso sim! O meu amigo aqui precisa ligar pra casa pra avisar os pais!

– Puque o mini num vai ni Resen?

– Resende é o caralho, Afrânio! Resende é longe pacas, porra!

– Calma, Mário, não precisa ficar nervoso nem ofender o Afrânio. A gente também não precisa ir a Resende. Eu não preciso ligar.

– Tu não vai ligar?

– Tu tem celular?

– Tá de sacanagem?

– Eu posso mandar uma carta. Dá pra mandar uma carta?

– Dá. Mandando amanhã de manhã, acho que na terça-feira a carta chega no Rio.

– Terça-feira? Pô, meus pais vão ficar preocupados. Será que dá pra mandar um telegrama?

– Aí tu tem que descer até Resende. Manda uma carta mesmo, os velhos vão ficar preocupados, mas quando a carta chegar eles acalmam.

– É, tá certo. Vou escrever a carta.

*****

Tião Demônio estava preso no Presídio de Segurança Máxima Bangu III. Mas, como quase todos os bandidos que lá estavam, ele conseguiu ter acesso a um telefone celular, esse fantástico aparelho que, entre outras inovações, revolucionou a comunicação entre os presidiários no final do século XX. E através do seu celular, Tião Demônio ficou sabendo que Zeca Cheira o dedo, seu inimigo figadal, da facção inimiga Terceiro Comando, era o novo chefe do tráfico no seu morro. Aproveitando-se de sua prisão, o Terceiro Comando tomou o poder no morro e, como primeiro ato de sua nova administração, proibiu os moradores da favela de vestirem roupas vermelhas, já que essa era a cor da facção rival. Nada de blusa vermelha, calça vermelha, meia vermelha, cueca ou calcinha vermelha. Nem torcedor do América podia vestir uniforme do seu time de coração.

Tião Demônio tratou de pegar seu celular e fez várias ligações desesperadas para seus amigos do CV. Precisava fugir imediatamente de Bangu III para tentar retomar o controle do tráfico no morro. Soube de uma fuga programada para dali a alguns dias pelo pessoal do CV.

Sairiam por um túnel cavado de fora para dentro do presídio. O túnel já possibilitara duas fugas de presos, uns vinte detentos em cada uma, mas a direção do presídio ainda não descobrira onde ele se localizava. Tião queria ser incluído na próxima fuga, mas isso custava dinheiro. O túnel era um negócio, exigia investimento para a obra civil, infraestrutura, documentação, entendendo-se por documentação a propina para a repentina cegueira das autoridades carcerárias. E como qualquer empreendimento no mundo capitalista, previa lucro. E o lucro viria justamente nesta terceira fuga. Tião sem a grana para entrar no túnel disparava telefonemas para conseguir dos chefões do CV que o incluíssem de graça na fuga. Sua argumentação era que precisava retomar o comando do morro para o CV e isso era uma emergência.

A conversa entre Tião Demônio e um dos chefões do Comando Vermelho foi gravada pela polícia e cedida para um jornalista de uma revista semanal, onde foi publicada duas semanas após a fuga de Tião Demônio. Uma reunião de uma tarde inteira na redação decidiu por não publicar a conversa na íntegra, censurando-se os palavrões. A publicação da matéria com a conversa gravada dos marginais resultou no fechamento do túnel e na demissão de vários funcionários do presídio. A íntegra dos telefonemas tal qual saiu na revista foi o seguinte:

Primeiro telefonema:
Tião Demônio – Eu tenho que entrar na parada!
Chefão do CV – Mas tu acabou de chegar, mané!
Tião Demônio – Os p... dos alemão botaram no meu c...! Tomaram o morro! Eu tenho que entrar nesse túnel...
Chefão do CV – Tô sabendo, p...! Mas o túnel é neurótico! Custou caro pra c...! É dois mil por cabeça, c...!

Tião Demônio – Tu sabe que eu num tenho m... nenhuma, p...! P... que p...! Deixa eu entrar nesse bonde, p...! Eu tenho que retomar a p... do movimento! Cês têm que me arrumar umas metranca do c... também pra sair emburacando os amarelo...
Chefão do CV – P... que p...! Olha, vou falar com a galera sobre essas p... daqui a pouco toco de novo...

Segundo telefonema:
Tião Demônio – P... e aí?
Chefão do CV – Demorô, c.b.! A galera topou, p...! Mas é só a parada do túnel!
Tião Demônio – E as armas?
Chefão do CV – Olha, o João Caga-sangue disse que tu andou vacilando com ele. O cara tá bolado contigo, mano! Disse que se der arma pra tu, vai ficar p... A gente não tamo querendo quizumba com o cara que o cara é considerado...
Tião Demônio – Mas o Caga-sangue é um f... da p... Como é que vocês dão esse mole pra esse p... o cara é chefe de um morrinho de m...
Chefão do CV – Que isso? Caga-sangue é do conceito, é c.b., mano!
Tião Demônio – E cumé que vai ser, p...?
CV – Tu se vira! A gente topamos botar tu pra fora, porque tu é considerado, mas depois tu vai ter que se virar pra retomar a m... lá! E tem mais! Tem que retomar a parada pro CV senão o pessoal vai ficar p... contigo e vai dar razão pro Caga-sangue!
Tião Demônio – Tudo bem, c...!
CV – Olha, num se esquece que tu deve duas milha pela fuga, p...! Depois que tu meter no c... dos alemão, tu paga!
Tião Demônio – Tô ligado!

*****

Barriga estava ansioso por notícias sobre a incursão de Madalena à casa de J. Rui. Acreditava que a loura havia conseguido domar o policial, mas precisava ter certeza. Depois de aguardar o contato de Madalena por toda a manhã de domingo, Barriga se cansou de esperar e resolveu mandar um táxi de um amigo para pegar Madalena em Botafogo e levá-la até a sua casa em Ricardo de Albuquerque. Preparou-se com esmero para receber Madalena. Depois de duas horas de espera, a campainha finalmente tocou.

Barriga abriu a porta, mas Madalena não entrou. Permaneceu ali fora olhando para a garrafa de champanhe que a esperava na mesa da sala. Bom, a garrafa pelo menos se comportava como uma verdadeira garrafa da cara bebida, toda posuda dentro de um balde cheio de gelo.

– E aí, gostou da mordomia? Carro com chofer!

– Táxi?

– Porra, táxi não é carro com chofer?

– É, bom, pelo menos é melhor que camburão com policial dirigindo, e não fui eu que paguei! – resignou-se Madalena.

– Tu também nunca tá satisfeita! Sabe quanto custa uma corrida de táxi da Zona Sul até aqui?

Barriga pegou Madalena, que continuava parada na porta, e a levou até o centro da sala. Apontando para o balde, Barriga fez uns salamaleques meio sem jeito para oferecer a bebida.

– Champanhe?

– Sidra? – Madalena recusou.

– Bom, eu ia comprar champanhe, mas sabe quanto é que tá uma garrafa dessa bebida metida a besta? Setenta pratas! A nacional! A francesa eu nem imagino! Mas essa sidra era a mais cara que tinha! Tu já bebeu sidra? É uma delícia! – Serviu uma taça para Madalena e outra para ele. – Vamos brindar!

– Brindar a quê?

– Ao serviço bem-feito que tu fez com o otário!

– E como tu sabe que o serviço foi bem-feito?

– Se fosse malfeito tu entrava naquele táxi?

– Mas eu não sei se o Jota entrou mesmo na minha...

– É uma bicha brocha mesmo! Como é que não entra na onda de uma mulher gostosa como tu?

– Não, nessa onda ele entrou. E tem mais, o cara até se curou...

– Da brocheza?

– É.

– É mesmo, é? Bom, então se ele deu no couro, na certa ele entrou na sua conversa.

– Isso é que eu não sei. O cara tá a fim de mim, mas eu não entendi o que ele tá pensando em fazer contigo. Acho que ele tá puto contigo.

– Isso é certo! Isso eu já sei. Mas o cara tá na minha mão. Agora é só tu continuar nesse trabalho de ir amaciando o corno que daqui a pouco o cara tá calminho de novo. E dez por cento do negócio é seu!

– Tá certo. – Madalena abriu um sorriso, desculpando de vez o táxi e a sidra. Pegou a sua taça e brindou com Barriga. – Espero que tu seja esperto mesmo, Barriga.

– Claro, minha princesa! Deixa comigo! Dez por cento da parada é tua, minha deusa! – Barriga colocou a sua taça na mesa e partiu pra abraçar novamente Madalena. – Agora chega de teoria e vamos partir pra prática!

Madalena não podia negar fogo, se quisesse fazer jus à sua parte no trato. Mas tentou negociar:

– Agora, Barriga? Aqui?

– Qual é o problema?

– Que pobreza! Pelo menos me leva prum motel bacana!

– Tudo bem, vamos pro motel que eu tô cheio de ciúmes daquele otário!

Foram para um motel onde Madalena teve que aguentar as investidas por trás do policial barrigudo, completamente obcecado por seu traseiro. Madalena, como uma brasileira típica, gostava muito de mostrar suas formas calipígias, adorava insinuar sua protuberância carnuda, mas não gostava de cedê-la. Seu popozão era apenas para apreciação. Mas Barriga gostava de consumir. Como um homem típico brasileiro, ele gostava de sexo pela traseira. E Madalena cedeu.

No final da tarde, Madalena voltou para a Zona Sul no mesmo carro com chofer da ida, e conversando com o motorista descobriu que ele devia uns favores a Barriga, e que os pagava com corridas de táxi gratuitas. Provavelmente a sidra e o motel também tinham sido gratuitos.

Assim que Madalena entrou em casa, o telefone tocou. Era J. Rui, convidando-a para jantar. Não podia recusar, depois das juras de amor que fizera na noite anterior. Duas horas depois, J. Rui parou seu carro na porta do edifício para pegá-la. Madalena se decepcionou com o carro do policial, um modelo antigo, esperava um mais moderno. Mas o carro estava brilhando, muito bem-tratado e todo equipado, e Madalena gostou do galanteio de J. Rui abrindo a porta para ela. Foram a um restaurante bacana em Copacabana. Assim que sentaram, J. Rui prometeu que ia oferecer a Madalena tudo do bom e do melhor, e Madalena, agradecida, pediu o que considerava o mais chique e sofisticado, só pratos flambados. J. Rui, que sabia que flambado em francês era *flambé*, impressionou Madalena quando pediu ao garçom:

– Garçom, hoje vai ser *flambé avec* champanhe!

J. Rui gastava por conta da grana extra que esperava ganhar com o apê de Ipanema. Após uma entrada flambada, um prato flambado e uma sobremesa flambada, tudo regado a champanhe, que era nacional, mas pelo menos não era sidra, J. Rui pagou uma conta salgada. E durante o cafezinho, J. Rui convidou Madalena para o principal programa da noite, uma estadia de quatro horas na suíte master de um motel. Madalena não conseguiu recusar. Para garantir os seus dez por cento, tinha que agradar os dois policiais. No motel, Madalena teve que enfrentar uma fera completamente refeita de seus problemas de função erétil e que, hipnotizado pelo traseiro de Madalena, também resolveu investir no seu bumbum. Ela ainda tentou resistir, mas não conseguiu suportar as investidas por muito tempo e acabou cedendo aos desejos de J. Rui.

Já passava da meia-noite quando J. Rui parou o seu carro na porta do prédio de Madalena. Ela se despediu e só entrou no prédio depois que o carro partiu, para que J. Rui não percebesse que ela mal conseguia andar, completamente descadeirada. Entrou em casa e deitou-se em sua cama sem nem tirar a roupa, cansada e dolorida, pensando pela primeira vez na vida em como devem ser felizes as brasileiras sem bunda.

*****

A notícia de que em um apartamento de Ipanema se podia comprar pó com tranquilidade, sem traficantes mal-encarados e sob proteção da polícia, logo se espalhou. As vendas no fim de semana foram excelentes e, ao contrário do que seria de se esperar, aumentavam mais ainda nos primeiros dias da semana. Sucesso total. Havia sempre alguém batendo na porta do apartamento dos Silveira.

Sílvio tomava alguns cuidados. Não queria filas no corredor, não podia correr o risco de vender nos horários em que o pai estava em casa. Era uma administração complicada. Os clientes compravam com hora marcada. A agenda ficava a cargo de Zeca, que de seu apartamento de Copacabana marcava por telefone as "visitas". O número do telefone de Zeca rapidamente se espalhou pela Zona Sul e não parava mais de tocar. Zeca estava gastando tanto tempo ao telefone com os clientes, que não estava conseguindo dar conta de sua outra função: preparar os papelotes de cocaína, devidamente batizados. Ligou para Sílvio.

– Qualé, Zeca?

– Qualé. O telefone não para de tocar.

– Caralho!

– O que a gente faz?

– Sei lá. Acho que a gente continua a parada enquanto não tem uma ideia melhor.

– Porra, tá foda, cara. Não tá nem dando tempo de misturar a parada.

– Agora nem precisa mais misturar, meu irmão! Quero que os canas se fodam!

– Tem certeza, mano?

– Não, não tenho certeza de porra nenhuma! Principalmente depois do que aconteceu hoje de manhã.

– O que aconteceu, porra?

– Recebi uma carta do Julio.

– De quem?

– Do Julio, meu irmão, o sumido. Hoje de manhã tocou a campainha e era o correio com uma carta do Julio. Ainda bem que minha mãe não viu, fui eu que recebi.

– O cara tá vivo?

– Vivão! Tá numa boa, em um lugar chamado Bagagem, comendo uma menininha, tá apaixonado o filho da puta! Diz que volta no domingo.

– E tua mãe, ela leu a carta?

– Tá maluco! Eu queimei a parada. Se a velha descobre que o Julio tá numa boa, a gente tá fudido!

– Caralho! E agora?

– Agora sei lá! A gente tem até domingo pra resolver essa parada.

– E como é que a gente vai fazer?

– Sei lá, porra!

– Caralho!

– Para de ficar falando caralho, porra!

– E tu para de falar sei lá! O que a gente faz?

– Bom, tu vai fazendo seu serviço aí, eu vou fazendo o meu aqui, enquanto a gente pensa em alguma coisa. Tchau.

Mal desligou, o telefone tocou de novo.

– Alô, Sílvio? É Jota Rui!

– Oi, tudo bem?

– Tudo. A gente tem que se encontrar que eu tenho que bater um papo contigo. E tem que ser agora!

– Agora? Pô, agora não dá. Tenho umas... é... você sabe... umas visitas pra receber aqui. – Sílvio procurava disfarçar, não queria falar sobre assuntos proibidos ao telefone.

– Porra, tu tem que vir agora! Fala pro teu amiguinho, aquele tal de Zeca ir praí.

– Mas o Zeca não consegue nem sair de casa, o cara tá ocupadão lá.

– Então se vira, meu irmão. Manda sua mãe segurar as pontas.

– Minha mãe?

– É. Qual é o problema?

– Que isso? Não dá pra botar a minha mãe no meio disso, pega mal!

– Ah, meu irmão, não fode! Se vira aí! Se tu não aparecer até as nove, eu vou mandar aquele meu amigo caolho te buscar!

Marcaram um local de encontro e Sílvio desligou o telefone preocupado. A mãe surgiu de repente.

– Que cara é essa, meu filho? Tá preocupado com alguma coisa?

– Mãe, eu tô com um probleminha hoje...

– Que probleminha, filhinho?

– É o seguinte, *mother*: eu tenho que sair, tenho que ir na casa de um amigo...

– Ué, vai meu filho, você nunca me pediu permissão pra sair...

– Mas tem um probleminha... é que... é que... sabe esses rapazes que tão vindo aqui todo dia?

– Que que tem, Silvinho?

– Hoje vem mais uns e...

Edna percebeu logo o que o filho queria com tantas reticências. Foi direto ao ponto.

– De jeito nenhum! Eu não vou vender esses troços! Nem pensar!

– Mãe, o que que custa? Olha, você nem precisa saber o que tá fazendo.

– Você acha que eu sou idiota? É claro que eu sei o que tô fazendo!

– Mãe, você tá só fazendo um favor pro seu filho, entregando umas coisas pruns amigos dele.

– Umas coisas?

– Mãezinha, o que custa? Já tá tudo combinado com os caras. Você dá esses pacotinhos pra eles e eles pagam pra você. É supersimples!

– Não, não e não! Tô há uma semana fingindo que não tô vendo nada! Agora você quer que eu participe de tudo! Não vou vender esse negócio!

– O que que custa, mãe! Você não vai vender nada! Só vai entregar uma encomenda.

– E receber o dinheiro? Isso é venda!

– Não! Mãe, quantas vezes eu tenho que te explicar que é só até recuperar...

– Não precisa mais repetir! – interrompeu Edna, aumentando ainda mais o tom de voz. – A resposta é não! Por que você não vende o seu negócio e depois sai?

– Porque eu tenho que sair agora!

– Então desmarca com os seus amigos! Eles vão entender.

– Eles não são meus amigos, porra! – Sílvio explodiu, mostrou todo o seu estado de espírito traduzido em gritaria. – Não dá pra desmarcar... eles vêm aqui pra comprar cocaína, mãe! Cocaína! Eles não tão a fim de entender nada! Eles só querem comprar pó e o resto é que se dane!

– Para de gritar com a sua mãe, Sílvio! Para de falar essas coisas sobre... sobre cocaína! Eu fico nervosa ouvindo isso! – Um terremoto tomou conta do corpo de Edna. Seus olhos, como crateras de um vulcão, entraram em erupção soltando lavas de lágrimas.

Sílvio sentiu que havia passado do ponto, sua mãe não merecia os seus gritos. Procurou se acalmar, abraçou a mãe, beijou-a uma, duas, mil vezes. Edna chorava e apertava cada vez mais o filho. Com o tempo foi se acalmando, se desmanchando dentro do abraço do filho, diminuindo o choro. Enfim a estiagem chegou, mas o abraço continuou. O desespero pelo filho sumido se misturava à carência de afeto por esse filho cabeludo que há anos não a abraçava tanto quanto vinha fazendo nesses dias.

Edna, como sempre fazia, acabou cedendo aos apelos de Sílvio, que saiu deixando com a mãe os envelopes que ela deveria entregar aos seus "amigos".

*****

A campainha tocou quando Edna estava no banheiro. Ela correu em direção à porta ouvindo no caminho a campainha tocar mais duas vezes.

– Já vai! Já vai! – Ao chegar à porta perguntou: – Quem é?

Pergunta boba, Edna já sabia quem era. Abriu a porta.

– Entra. O Sílvio me avisou que você viria. – Edna não sabia o que fazer. Não sabia se dava o envelope na porta mesmo ou se mandava entrar. – É... é... entra, entra.

O rapaz, desconfiado, entrou.

– Você não quer se sentar enquanto eu vou lá dentro pegar o... pegar a... o... bem... pegar.

O rapaz vacilou. Não sabia o que fazer. Estava mais perdido que Edna.

Sentindo seu desconforto, Edna resolveu agir. Levou o rapaz até a poltrona e o fez sentar.

– Um minutinho que eu já volto. – Mas antes de pegar a encomenda, um espírito de boa anfitriã baixou e Edna não resistiu a oferecer alguma coisa ao rapaz.

– Você aceita um cafezinho?

– Cafezinho? – O rapaz riu. – A senhora está me oferecendo um cafezinho, é isso mesmo?

– É, você aceita?

– Bom, é... quer dizer... eu aceito, né!

– Com açúcar ou adoçante?

– Açúcar. Se a senhora preferir trazer aquele açúcar colombiano logo, eu aceito também.

– Colombiano? – Edna não entendeu. – Bem, serve brasileiro?

– Pra adoçar o café serve.

Edna foi à cozinha e esquentou no micro-ondas um cafezinho. Voltou com a xícara e um pratinho com biscoitos. O rapaz bebeu o café enquanto Edna o aguardava. Na verdade ela o examinava. Sabia muito bem o que ele estava fazendo ali. Era parte do plano pra salvar seu filho. Aquilo tinha que ser feito. Mas parecia um rapaz tão distinto, roupa de qualidade, cabelo cortado. Nunca imaginou que um viciado fosse assim. Esperava um esmolambado como seu filho. Aquele parecia um rapaz de família.

O rapaz terminou o café e devolveu a xícara à Edna, tirou uma carteira do bolso e estendeu duas notas pra Edna.

– Que isso?

– O dinheiro.

– Pelo cafezinho?

– Não, pelo açúcar. A senhora pode por favor trazer o açúcar pra mim.

Edna parece que finalmente entendeu e entregou o envelope.

A cena repetiu-se ainda mais algumas vezes naquela manhã.

*****

Sílvio encontrou J. Rui numa esquina a três quadras da delegacia.

– Vem comigo – J. Rui disse a Sílvio.

Andaram alguns quarteirões sem trocar palavras, até que chegaram a uma rua mais tranquila. O policial começou a falar, sem dar tempo a Sílvio de sequer se coçar.

– A parada é a seguinte: tem um colega que tá querendo ser sócio do nosso empreendimento. Por enquanto eu tô topando essa parada, porque... – J. Rui fez uma pausa, como se estivesse procurando a explicação e logo concluiu – porque eu avaliei que vai ser melhor pra gente. O nome do cara é Barriga. Então, se o cara te procurar, tu diz que tá sabendo que ele é o novo sócio. Pode ficar tranquilo que isso não vai ser por muito tempo, eu vou dar um jeito nessa parada rapidinho, assim que tiver uma oportunidade. Então, enquanto eu não resolvo essa parada, o negócio fica dividido de outro jeito. É trinta por cento pra cada parte e ainda tem uns dez por cento pra uma moça, que aliás é a minha namorada, que também está participando do negócio, entendeu? Então, a conclusão é a seguinte: tu tem que vender mais! Muito mais! Tem também que misturar mais! Mistura o que puder, Melhoral, talco, bota qualquer porra, o importante é aproveitar melhor a mercadoria. Aquilo ali tem que durar tempo pra caralho, sacou? Tem que aumentar a produtividade que a bola agora tá muito dividida. O papo é esse. Não quero conversa. Se manda.

Sílvio obedeceu, nervoso. Saiu batido de volta para casa.

*****

Quando Sílvio chegou em casa, ouviu a história da mãe.

– Cafezinho, mamãe! Você ofereceu cafezinho pra eles? – Sílvio era nervosismo em estado puro.

– Claro, eu sou uma boa anfitriã! E ofereci biscoito também. Eles é que não aceitaram. Porque biscoito tinha. Aliás, um biscoito ótimo. Porque quando eu ofereço biscoito não é cream-cracker não! Se só tiver cream-cracker em casa eu prefiro nem oferecer. Quer dizer, tem gente que até prefere cream-cracker, porque está de regime, né. Bom, nesses casos, eu ofereço cream-cracker, mas se não estiver de regime eu só ofereço biscoito da melhor qualidade. Você já viu uns novos biscoitinhos...

Sílvio deixou a mãe falando sobre biscoitos enquanto conferia o dinheiro que ela recebeu dos compradores. A grana estava certa. Pelo menos nessa parte a mãe não deu vexame. Edna continuava falando. E sobre biscoitos.

– Você já provou esse novo biscoito que saiu? Ah, você ia gostar, você adora biscoito. É um biscoito de chocolate com recheio de quindim. Já viu isso? Parece um bolo, mas é biscoito. Nossa! Você precisa provar. Você adora biscoito. Aliás, não sei como tinha biscoito pra oferecer pros seus amigos, você come todos! Como gosta de doce!

– Mãe! – Sílvio tentou tomar a palavra, mas a mãe continuava falando. – Mãe! – Enfim gritou. – Mãe! Eles não são meus amigos! São clientes!

Clientes! Eles vieram aqui pra comprar pó. Eles vieram aqui pra comprar cocaína! Não se oferece cafezinho nem biscoito pra quem vem comprar coca! Se oferece coca! E não é Coca-Cola! Nem Pepsi! É co-ca-í-na! Branquinha! pó! cocaína! Entendeu?

Edna entendeu. E chorou. Mais um choro enxurrada, choro catástrofe, choro calamidade pública.

– Eu só fiz isso porque você me pediu! E além do mais, você não precisa ficar me lembrando o tempo todo do que estou sendo obrigada a fazer pra salvar o meu filho. – Edna soluçou pra fazer uma pausa. – Você não precisa ficar gritando comigo essas palavras horríveis! – Mais uma pausa e enfim a conclusão: – Eu não aguento mais isso! Eu vou sair! Vou sair!

– Sair? Vai aonde?

– Não interessa! Eu vou pra onde eu quiser! Eu não lhe devo satisfações!

– Sai! Sai mesmo! Já vai tarde! – Sílvio estava cada vez mais nervoso.

– Vou tarde sim! Vou muito mais tarde do que você pensa!

Edna pegou a sua bolsa e se jogou porta afora. Saiu pela rua sem saber para onde ir. Queria sumir, ir para longe, para algum paraíso, um lugar onde os filhos não desaparecem nem vendem cocaína em casa.

11

Edna saiu pela rua sem saber que rumo tomar. O pensamento ocupado pelos seus problemas com os filhos não tinha tempo para dar ordens aos pés, que seguiam o seu próprio caminho. E os pés iam automaticamente para onde estavam acostumados a ir, ao supermercado. Edna só percebeu onde estava quando se viu diante do balcão do açougue. Justamente onde andara brigando, porque cismara que o balconista havia roubado no peso e ainda tinha empurrado pelanca. Parada ali, sem saber bem por quê, sentiu-se obrigada a pedir um quilo de filé mignon. Recebeu um quilo que continha no máximo 700 gramas de um filé mignon pelancudo, mas agradeceu como se fosse a melhor carne do mundo. Saiu do supermercado e continuou sem saber aonde ir. Os pés devolveram o comando das ações ao cérebro, que sem saber o que fazer, mandou o corpo sentar num banco de pracinha. Estava perdida, não sabia o que fazer nem a quem recorrer. Chegou a passar por sua cabeça que naquela situação muitas pessoas pensariam em suicídio. Mas Edna não tinha ânimo nem vocação para suicida. Ficou calada, cabisbaixa, chorando, como era do seu feitio. Até que, depois de meia hora, resolveu levantar a cabeça. Seus olhos, ainda embaçados pelas lágrimas, tentavam focalizar alguma coisa. E, assim que a vista voltou ao normal, ela viu! O que era aquilo? Um milagre? Uma visão? Não, não era Jesus Cristo reencarnado, não era uma santa chorando, não era um anjo desgarrado nem um disco voador. Edna viu um neguinho magrinho com um boné do Chicago Bulls na cabeça. Edna levantou-se num pulo e saiu correndo pela praça em direção à sua visão. Correu como não fazia há séculos. Quando chegou a 5 metros do neguinho, estacou para olhar melhor e teve certeza. Era ele! O seu salvador! Edna correu os últimos metros que a separavam do milagre e pulou em cima do neguinho para abraçá-lo.

– Tião! Tião, meu Tiãozinho! Você voltou! – Edna se empolgou tanto ao abraçar Tião que o seu peso acabou derrubando-o e os dois caíram estatelados no chão.

– Que isso, minha tia? Tá maluca?

– Calma, Tiãozinho! – Edna fazia questão do diminutivo, uma demonstração de carinho ao seu salvador. – Você não está me reconhecendo? Lembra? A mãe daquele menino sequestrado, o Julio...

Tião lembrou-se na hora, mas não de Julio. Lembrou-se dos 20 quilos de coca que havia colocado nas mãos daquela velha maluca.

– É claro, madame! – Tião levantou-se e ajudou Edna a fazê-lo também. – Levanta aí, minha tia!

Edna levantou-se e desandou a falar sem parar.

– Ai, meu Tiãozinho, por favor, me diz onde está o meu filho, o meu Julinho, você se lembra, que o senhor prometeu me dizer onde estava, que o senhor prometeu falar com os seus amigos... eu sei que o senhor, quer dizer, você, sabe onde ele está...

– Calma, tia, fica fria. – Tião não lembrava muito bem da história do sequestro, só lembrava que deu uma desculpa pra mulher guardar os 20 quilos de coca. – Cadê a parada que eu pedi pra senhora guardar pra mim?

– A parada? – Edna intuiu que "parada" devia ter a ver com a cocaína, seu filho falava em "parada" toda hora, o traficante certamente estava se referindo à cocaína que ele pediu para ela tomar conta. E Edna lembrou-se instantaneamente que Sílvio estava vendendo a "parada" do traficante em seu apartamento.

– A parada? – continuou Edna. – O senhor está falando daqueles pacotes que o senhor me deu?

– É isso mesmo! A parada tava empacotada! Eram 20 quilos! Nem mais nem menos! – Tião respondeu meio desconfiado.

– Vinte quilos? – Edna pensou que talvez o neguinho não soubesse exatamente quanto havia naqueles pacotes, tentou uma jogada. – O senhor tem certeza? Acho que eram 15 quilos.

– Eram 20 quilos! – Tião fez a cara de mau que o consagrou e lhe deu o apelido de Demônio.

– Vinte quilos, exatamente! – Edna recuou de sua estratégia, pensou rapidamente numa nova jogada, mas nada lhe ocorria. – Olha, seu Tião, eu preciso te contar uma coisa.

Edna então começou a contar tudo que aconteceu em sua casa. Falava rápido, sem pausas, não dando tempo para Tião reagir, como na primeira vez que encontrou o traficante.

– Olha, seu Tião, assim que eu cheguei em casa, eu guardei os pacotes bem guardados, mas o senhor imagina que o meu filho mais novo, o Sílvio, ele é meio maluquinho, sabe, pois o danado descobriu a cocaína, e sem que eu e meu marido soubéssemos, o menino vendeu um pouco da coca, não tudo, só um pouquinho. Mas o senhor não precisa ficar preocupado não, que quando eu e o meu marido descobrimos, demos uma bronca danada nele e ele prometeu repor tudo. Bom, resumindo, se o senhor, quer dizer, você não se chatear, pode pegar uns... 15 quilos da... da parada, como o senhor diz, hoje mesmo! E pode ficar tranquilo que o resto, nós vamos devolver assim que o meu filho conseguir repor. Aliás, ele está até usando de um expediente que eu acho muito interessante, eu não sei se o senhor conhece, ele mistura a... a parada pura que o senhor me deu pra guardar, com outras coisas e aí...

– Chega de caô, ô velha maluca! Vamos lá pegar essa parada antes que eu te dê um teco! Diz aí onde é que tu mora!

Edna, assustada com a reação do traficante, apontou o caminho de sua casa. Tião começou a arrastá-la com força na direção apontada.

– Esse seu filho aí tá fudido! Como é que um moleque filho da puta sai vendendo a parada de um trafica de responsa como eu! Pode ir rezando pelo filho que esse já é!

Edna, apavorada, continuava apontando o caminho de casa enquanto ouvia o desabafo do traficante furioso.

– O moleque tá pensando o quê? Que eu sou mané? Eu vou triturar esse seu filhinho esperto, que vende a parada dos outros, o moleque vai virar pó! Aí eu quero ver ele vender esse pó! Tá fudido!

– É aquele prédio ali. – Edna apontou. Tião seguiu arrastando-a, andando a passos largos em direção ao prédio indicado. Apertava o braço de Edna cada vez com mais força, enquanto vociferava contra Sílvio, com cada vez mais raiva. Aproximavam-se do prédio com rapidez, até que, de repente, o neguinho parou e apertou ainda mais o braço de Edna, como se tivesse um alicate em lugar da mão. Puxou-a para trás de um carro. Tião se agachou como pôde e tentou esconder Edna também.

– Quem é aquele cara ali?

– Qual? – Edna não sabia a quem Tião se referia.

– Aquele gordão ali.

– Não sei. – Edna só pensava em se livrar do alicate que machucava seu braço.

– Se abaixa aí, ô coroa! – Tião empurrou Edna para baixo, obrigando-a a quase se deitar no chão. Edna obedeceu, pois percebeu que naquela posição o neguinho era obrigado a soltar um pouco o seu braço.

O gordão era Orlando Caolha, parado em seu posto em frente ao prédio de Edna. Tião nunca o tinha visto antes, mas sabia que ele era policial. Marginais reconhecem policiais só pelo jeito. E para Tião, o brutamontes tinha "polícia" estampado na testa. Já os policiais reconhecem os marginais pelo cheiro. O cheiro do suor e da sujeira da cadeia que se impregna no corpo dos bandidos e demora pra sair. O cana certamente detectou a presença de Tião na área, pois começou a mexer o nariz, como quem percebe um cheiro conhecido, e entrou em estado de alerta. Colocou a mão na cintura por baixo da camisa como quem empunha uma arma.

Tião Demônio não chegou a chefe do tráfico do morro só por ser mau e cruel, mas principalmente por ser esperto. O marginal se afastou um pouco de Orlando Caolha, mas permaneceu na área com Edna a tiracolo. Rapidamente percebeu o estranho movimento que havia no prédio onde Edna morava. Dois ex-compradores de coca da sua boca no morro entraram e saíram do prédio. E o policial da esquina não parecia estar por ali investigando esse movimento anormal, mas protegendo os rapazes e moças. Então, depois de algum tempo observando, Tião viu um velho conhecido seu aproximar-se do grandalhão. Era J. Rui, detetive da delegacia da área. Jota trocou umas ideias com Orlando Caolha e foi embora. Assim que Jota saiu da área, Tião puxou a cabeça de Edna e falou:

– Aí, madame, tu faz o seguinte. Tu vai pra casa.

– Pra casa? – Edna nervosa, não entendeu a súbita mudança de atitude de Tião. – E você, não vem junto?

– Eu vou depois. Agora já sei onde tu mora.

– E o meu filho? O que você vai fazer com ele?

Tião procurou tranquilizar Edna:

– Fica tranquila que eu não vou fazer nada com o seu filho, foi só uma raiva que deu, mas já passou.

– E o Julinho?

– Julinho? Ah, o outro moleque. – Tião pensou um pouco e resolveu dar linha à pipa. – Pode deixar que assim que puder eu trago notícias do cara. Agora vai. Vai!

Tião deu um empurrãozinho em Edna, que partiu em direção ao seu prédio. Orgulhosa por ter convencido Tião a não castigar Sílvio, Edna caminhava com a certeza de que seus pesadelos estavam chegando ao fim.

*****

O primeiro acerto de contas entre J. Rui e Barriga foi marcado numa pracinha abandonada na Zona Sul. As crianças não brincavam mais nos brinquedos quebrados, não frequentavam a pracinha há tempos. O poder público também não frequentava a pracinha havia décadas. Os mendigos tomaram conta do pedaço, tomando banho no chafariz, dormindo debaixo da gangorra, cagando no escorrega e trepando no trepa-trepa. Uma pracinha sem a mínima segurança era o local mais seguro para J. Rui encontrar Barriga para acertarem seus negócios.

Barriga chegou mais cedo do que o combinado, acompanhado por um de seus capangas, e ficou sentado na gangorra quebrada arriscando a arrebentar ainda mais o brinquedo com o seu peso avantajado. O capanga tirou o revólver da cintura e sentou-se no balanço, onde ficou se balançando animado, não escondendo o sorriso de quem estava gostando da brincadeira. Quem disse que ninguém brincava mais ali?

J. Rui chegou dez minutos atrasado, exatamente no instante em que Barriga já começava a ficar preocupado com a demora.

– Até que enfim!

J. Rui não trocou cumprimentos. Tirou do bolso um bolo de dinheiro e jogou no peito de Barriga. O dinheiro caiu no chão, obrigando Barriga a se abaixar para pegá-lo. J. Rui virou-se de costas e fez menção de ir embora, mas Barriga impediu-o.

– Peraí, Jota, vai aonde? Como é que eu vou saber que a conta tá certa?

J. Rui virou-se novamente de frente para Barriga.

– A conta tá certa! Eu não tô te roubando.

O capanga empunhou a arma e apontou para Jota, esperando apenas uma ordem de Barriga. Barriga pensou um pouco, depois fez um gesto para o capanga, acalmando-o.

– Tudo bem, eu vou confiar em você, Jota. – Barriga abriu um sorriso.

Jota virou-se de costas novamente. Mais uma vez não pôde ir embora, impedido por Barriga.

– Peraí, Jota. E a parte da Madalena?

– A parte dela deixa comigo. – Jota falou sem se virar e foi embora a passos largos.

Barriga sorriu satisfeito, contando o dinheiro. Com um esforço sobre-humano conseguiu se levantar da gangorra.

*****

Tião ficou observando a entrada do prédio de Edna por toda a tarde. O policial grandão com um olho ruim não ficou por ali por muito tempo, o que facilitou a sua tarefa. Mesmo assim Tião procurou se manter escondido, esgueirando-se entre os carros. Por toda a tarde continuaram chegando velhos compradores do pó de Tião. No início da noite J. Rui voltou. Esperou um pouco e logo um cabeludo saiu do prédio e trocou algumas palavras com J. Rui. Tião teve quase certeza de que o garoto passou alguma coisa para o cana.

Tião resolveu seguir o policial. Acompanhou Jota até um prédio, que Tião concluiu que era onde morava. Ficou por ali esperando o policial sair de novo. Seguiria Jota aonde ele fosse. Só tinha um problema, precisava de um carro. Problema apenas para quem nunca roubou um, o que não era o caso de Tião, que meteu uma arma na cara de um mauricinho em Ipanema e pegou seu carro. Ficou de prontidão dentro do carro na porta da casa de J. Rui.

Depois de algum tempo, quando já estava achando que tinha perdido a pista do policial enquanto roubava o carro, Tião viu J. Rui saindo. Seguiu-o até uma pracinha abandonada onde acompanhou o encontro do policial com outro sujeito gordo. Porra, pensou, esse cara só tem amigo gordo! Tião tinha quase certeza de que esse outro gordo também era da polícia.

Jota saiu da pracinha e foi para casa de novo. Lá pelas oito e meia, Tião viu J. Rui sair de casa todo empetecado. O cara vai atrás de mulher!, pensou. Seguiu o carro de J. Rui até Botafogo, onde descobriu que o motivo da roupa bacana era uma loura bunduda. Seguiu-os até um restaurante, esperou o final do jantar, seguiu-os até um motel na Barra, esperou, e acabou em Botafogo, onde J. Rui deixou a bunduda. Assim que o policial saiu de cena, Tião deu o bote. Sequestrou Madalena e a levou para um cativeiro numa favela dominada por camaradas seus do CV. Nem precisou dar porrada na bunduda pra ela abrir o bico. Ela cuspiu a história toda rapidinho. Disse que contava tudo porque não queria ficar machucada, disse que estava achando até legal estar ali, que estava se sentindo aliviada, e que finalmente ela ia poder usar a sua bunda só para sentar. Precisava mesmo descansar por uns dias.

*****

– E aí, sentindo muita falta da bunduda?

– O quê? Quer falar com quem? – J. Rui não entendeu o que o sujeito do outro lado da linha falou. Mas desconfiou que o assunto era de seu interesse.

– É com tu mesmo, mano! Detetive J. Rui. Tu num tá sentindo falta da popozuda, da bunduda que tu anda traçando?

A ficha caiu, junto com o queixo. A bunduda era Madalena.

– Quem tá falando, porra?

– Ah, sacou qual é a parada, né, mané? Então vou te explicar com detalhes. A bunduda tá comigo, tá guardada. Tô tratando dela direitinho, tudo do bom, só miojo e guaraná, que eu não deixo barato. Mas não sei até quando vai ter essa mordomia. Vai depender de tu.

– Que que tu quer, ô vagabundo? – J. Rui não costumava tratar bem de bandido, muito menos um que, pelo jeito, tinha sequestrado a sua namorada.

Mas Tião Demônio também não era de ligar pra tratamento, estava acostumado a ser chamado de vagabundo. Continuou seu informe:

– Tu sabe aquela parada de pó que tu tá vendendo e se dando bem lá em Ipanema? Pois é, mano, aquela parada é minha! Eu quero meus 20 quilos de coca de volta, aí eu solto a bunduda. Mas não me vem com 20 quilos de pó qualquer não. O pó era da melhor qualidade, era purinho, direto da Colômbia, morou?

J. Rui percebeu que a conversa era muito perigosa para ser tratada no telefone da delegacia, um aparelho oficial. Convenceu o bandido a ligar para um celular pré-pago, que era o aparelho oficial para assuntos extraoficiais. Dez minutos depois, Tião ligou e J. Rui atendeu a duas quadras da delegacia.

– A parada é a seguinte, delega: tu me devolve os 20 quilos puros de pó e eu te devolvo a moça.

– Perái, ô vagabundo, tu conhece as regras melhor do que eu. Primeiro tu tem que me dar uma prova de que tá mesmo com a Madalena.

– Que isso? Que prova é o cacete! Tu acha que um bandido ia se arriscar a ligar prum cana se não tivesse com tudo em cima?

– Aí, ô cara, tu tá dizendo que é bandido e eu tô acreditando, mas tu tá dizendo que tá com a Madalena e eu não tô acreditando, morou? Tu prova que tá com ela e a gente conversa.

– Porra, malandro, que que tu quer de prova? A orelha, o dedão do pé, já sei, um pedaço da bunda dela?

– Aí, ô marginal, não brinca comigo que eu te pego rapidinho, morou? Te pego, te capo e tu nunca vai ver tua coca. Se arranhar a Madalena tá fudido. Eu quero uma prova de que ela tá viva e inteira, sacou?

– Que que tu quer? A calcinha dela?

– Taí, a calcinha é uma boa! Me manda a calcinha dela que eu acredito em você e a gente começa a negociar.

*****

Josivaldo trocava de mulheres como de cuecas. Feio, franzino e muito pobre, tinha sérios problemas para conseguir uma mulher e cueca era uma peça do vestuário perfeitamente dispensável para quem não tem um puto no bolso.

Josivaldo era pobre e trabalhador. Mais pobre do que trabalhador. Não era muito chegado a encarar um batente. Tentara vários empregos, mas quase sempre era logo mandado embora. E quase nunca a culpa era do patrão. No seu caso, não dava para fazer uma crônica sobre os males do capitalismo, não cabia um conto sobre patrões desalmados, sem coração, que só pensam em explorar o trabalhador. Mesmo que essa fosse a intenção do patrão, quase nunca ele chegava a ter tempo de colocar suas garras em ação, Josivaldo desistia antes, geralmente no terceiro dia. Então passava os seus dias sentado na soleira da porta do barraco, onde ficava observando o movimento dos traficantes.

Da porta do barraco Josivaldo via os rapazes do tráfico portando armas enormes, trabucos de propriedade exclusiva das forças armadas, e as meninas, pelo menos as mais assanhadinhas, correndo atrás dos figurões do tráfico. Sonhava portar aquelas escopetas, AR-15s, fuzis ou o que fosse que pudesse atrair as meninas. Assim, Josivaldo deixou-se cooptar pelo tráfico.

Mas a vida no tráfico não era a moleza que ele pensava. Começou por baixo, como olheiro, sem armas, sem metralhadoras, escopetas, sem dinheiro e sem mulher. E com a diferença de que desse trabalho não dava para desistir. Uma vez lá dentro, não havia saída. Então Josivaldo fazia o seu serviço direito e esperava melhores dias. Mas, com a sua desenvoltura no trabalho, Josivaldo estava condenado a passar o resto da vida como olheiro, sem dinheiro, sem armas, sem mulheres e ainda sem cuecas.

Até que um dia a situação mudou. O chefe do tráfico do morro resolveu fazer um favor a um amigo. Aceitou guardar uma vítima de sequestro ali no morro. E não havia ninguém disponível para o trabalho. Josivaldo, que pouca falta fazia onde estava, foi designado para tomar conta da moça sequestrada, uma tal de Madalena.

Josivaldo recebeu a missão com o pouco entusiasmo de sempre, mas assim que começou a trabalhar, se empolgou. Não pelo novo desafio ou pela importância do trabalho ou mesmo pela perspectiva de subir na hierarquia do tráfico com seu novo serviço. Estava entusiasmado pelas curvas de Madalena.

Josivaldo não fazia sucesso com as mulheres, não tinha dinheiro para gastar com prostitutas, era um homem que, em matéria de sexo, vivia na mão. E o entusiasmo que sentiu pelas formas arredondadas de Madalena refletiu-se imediatamente em seu sexo. Josivaldo ficou de pau duro só de olhar para a moça e o fato de não usar cuecas estimulou essa situação. Seu pênis, em constante ereção, chegava a doer e ele procurou extravasar, apelando para uma de suas especialidades: a masturbação. Com duas horas escoltando aquela gostosa já tinham sido duas punhetas, que ele procurava esconder de Madalena, indo ao banheiro a propósito de fazer xixi.

Madalena percebeu logo que o caso do rapaz não era de incontinência urinária. E aproveitou as idas de Josivaldo ao banheiro para tentar se soltar das cordas que a mantinham amarrada a uma cadeira. Começou a provocar Josivaldo para que ele fosse mais vezes ao banheiro. Fazia caras e bocas, dizia que a corda estava roçando em suas partes, provocando excitação, dizia que ia gozar, tudo para enlouquecer o rapaz, que aumentou sua frequência ao banheiro.

Mas as cordas não foram amarradas por Josivaldo. Tião Demônio sabia que o guarda-costas de sua sequestrada era um idiota e tratou ele mesmo de amarrar a moça. Portanto, mesmo depois de Josivaldo ter ido ao banheiro três vezes, Madalena não havia conseguido se soltar das cordas. Com o idiota extenuado, Madalena era obrigada a ser cada vez mais provocativa para tentar fazê-lo ir ao banheiro. O rapaz já estava ficando branco, mesmo um tarado carente como ele tem os seus limites.

No início da noite Tião apareceu. Entrou no barraco no exato instante em que Josivaldo estava no banheiro.

– Cadê o Josivaldo?

– No banheiro, penteando as mãos – respondeu Madalena.

Tião abriu a porta do banheiro e pegou Josivaldo em pleno serviço. E justamente o serviço que não estava sendo pago para fazer.

– Punheteiro filho da puta!

Tião deu uma porrada no neguinho, que tentava se defender com a mão desocupada.

– Não, seu Tião, não é nada disso que o senhor tá pensando...

– É claro que é, porra! Tu mija de pau duro?

– É tesão de mijo, seu Tião!

– Tesão de mijo é o caralho, ô Josibronha!

O apelido que Tião tirou da cartola serviu para acalmá-lo, entre gargalhadas ele continuou:

– Taí, gostei desse apelido, Josibronha! Vou te chamar de Josibronha! Agora a parada é a seguinte, ô Josibronha, tu vai ter que fazer uma nova tarefa. Eu mesmo ia fazer, mas depois de te ver aí no banheiro com tesão de mijo, né Josibronha, pois é, depois de te ver aí, resolvi que quem vai fazer essa parada é você e eu vou ficar só assistindo.

– O que o senhor quer que eu faço, seu Tião?

– Tu vai tirar a calcinha da moça e me dar ela.

– Tirar a calcinha dela? – Josivaldo ficou branco como leite, olhando para Tião Demônio.

– Que que tá olhando aí, rapaz! Não sabe tirar uma calcinha não? É que nem tirar sua cueca, só que tu faz a mesma coisa na mulher. Vai lá Josibronha, tira a calcinha dela.

Josivaldo não ia perder tempo explicando que nunca tirara uma cueca na vida. Pensava apenas numa maneira de tirar a calcinha da moça sem ter uma ereção na frente do chefe. Partiu para cima da moça tentando não olhar para ela, pensou na avó, pensou na mãe, pensou em acidente de trânsito, hospital, preto velho, pensou em comida estragada, pensou em porcaria, pensou em tudo que veio à cabeça que pudesse afastar a ideia de ver a gostosa sem calcinhas. Mas foi tocar na moça, mesmo de olhos fechados, que o pênis entrou em alerta, numa ereção que quase arrancou fora seu short. Antes de iniciar a primeira parte de sua tarefa, puxar a calça comprida, Madalena o interrompeu:

– Sai pra lá, ô Josivaldo! Não adianta nem tentar que tu não vai conseguir o que quer.

Tião, que a tudo assistia de seu canto, divertindo-se com a tentativa de Josivaldo de tirar a calça da moça, ouviu Madalena falar e não se conteve, partiu pra cima dela:

– Não vai conseguir tirar sua calcinha, por que, ô vagabunda? Se ele não conseguir eu tiro à força, morou?

– Não vai conseguir por um único motivo – procurou esclarecer Madalena –, é que eu não uso calcinha!

Ao ouvir uma frase dessas sair da boca de uma mulher, Josivaldo não se conteve.

– Não usa calcinha? Ah, meu Deus! Dá licença! – E saiu batido em direção ao banheiro. Nem a presença do chefe seria capaz de o acalmar nesse instante.

*****

Jota Rui não conseguiu mais trabalhar depois de saber que Madalena estava nas mãos de Tião. Ficou zanzando pela delegacia sem conseguir se concentrar em nada, até que inventou uma dor de cabeça para ir para casa mais cedo. A desculpa nem era tão mentirosa, afinal, o sequestro de Madalena era mesmo uma tremenda dor de cabeça.

Em casa tentou pensar em alguma linha de ação para tirar Madalena das mãos do traficante, mas nada lhe ocorria. Só pensava em Madalena em sua cama, fazendo sexo com ele, um sexo animal, louco, insano. Tentou tomar um banho para esfriar as ideias, deitou-se em sua cama, tentou dormir. Não conseguia, só pensava no corpo de Madalena, nos peitos de Madalena, nas coxas de Madalena... Levantou-se para ligar a TV. No caminho passou a mão rapidamente no rosto e assustou-se. Por que a mão ficou molhada? Suor? Passou a mão no rosto de novo, mais água. Passou o dedo na boca e sentiu o gosto salgado. Lágrimas. Há tantos anos não chorava que mal reconheceu as próprias lágrimas.

– Ô babaca! Tu tá chorando! – Jota riu de si mesmo. Mas logo voltou a ficar sério. Começou a falar sozinho, desesperado. As lágrimas, agora, já estavam mais íntimas.

– Puta que pariu! Tô apaixonado! Caralho, aquela mulher me pegou de jeito! Tô até chorando! E agora, o que eu faço? O que eu faço? Não sei o que fazer, caralho! Nunca fiquei assim, sem saber o que fazer! E agora, o que eu faço? Eu tenho que pedir ajuda a alguém, mas quem? Quem pode me ajudar nessa parada, porra?

Ligou para Barriga.

Encontraram-se novamente na pracinha abandonada. Barriga chegou, sentou-se no balanço e começou a brincar, sacudindo a barriga a cada balançada. Então, sorrindo, provocou J. Rui:

– Qualé, meu irmão? Não precisa acertar a conta todo dia não! Pode ser de dois em dois dias.

– Não te chamei aqui pra pagar porra nenhuma não! – J. Rui não estava ali para brincadeiras. Foi direto ao assunto. – A Madalena foi sequestrada!

– Caralho! – Barriga assustou-se e quase caiu do balanço.

– Tá na mão do bandido que era dono do nosso pó.

Barriga não conseguiu evitar um suspiro de alívio. "Nosso pó? O cara estava mesmo conversando como sócio! O trabalho de Madalena tinha mesmo sido bem-feito! O cara tá caidinho pela vagaba, é um tremendo corno manso!", pensou Barriga com os seus botões, quase estourando na barriga estufada.

J. Rui explicou toda a situação, contou sobre o telefonema de Tião Demônio e sobre o pedido de resgate do bandido.

– Tu tem algum plano? – perguntou o Barriga.

– Ainda não. – J. Rui admitiu um tanto contrariado que não sabia como agir.

Barriga tinha um plano para resolver a situação, um plano muito simples: a Madalena e o bandido se ferravam, e ele e J. Rui ficavam com o pó e a parte dela na sociedade! Depois ele botava na bunda de J. Rui e ficava com tudo. Mas obviamente não podia sugerir um plano desses para J. Rui.

– É, o caso é complicado – foi o que Barriga disse.

– Bom, eu consegui ganhar um tempo do bandido. Pedi uma calcinha da Madalena como prova de que ela está viva... – J. Rui acrescentou.

– Mas a Madalena não usa calcinha! – Barriga falou e imediatamente se arrependeu de colocar detalhes sobre a intimidade de Madalena na conversa. Antes que o constrangimento tomasse conta do ambiente, ele lançou uma ideia:

– Temos que matar esse bandido filho da puta! – A ideia servia pelo menos como uma maneira de desviar o assunto das intimidades de Madalena.

– Tu tá de sacanagem, Barriga! O cara tá com a Madalena, porra! Como é que a gente pega o cara sem machucar a Madalena?

– Ah, a gente pensa em alguma coisa. Vai dizer que tu nunca matou sequestrador?

– Olha, eu vou até abrir o jogo contigo, eu até já fiz isso, já matei o bandido e fiquei com o resgate. O camarada que foi sequestrado deu a maior sorte e saiu ileso, mas esse caso é diferente...

Barriga estava feliz. O sequestro de Madalena visivelmente aproximara J. Rui dele. O cara já estava até se abrindo, contando história. Tentou ganhar mais intimidade do sócio.

– Jota, a gente pode pensar em alguma coisa. Tu é inteligente, eu sou também, a gente arma uma cilada pra esse sacana mole mole.

– Não, Barriga, esse caso é diferente. Não dá pra cagar pro sequestrado porque ela é a minha namorada.

Barriga engoliu em seco quando ouviu a palavra namorada. Jota continuou:

– E dessa vez não dá pra gente ficar com o resgate porque o resgate foi pedido pra nós!

"Nós de novo! Beleza!" Barriga sorria por dentro.

– É, tá foda. Temos que pensar. – Barriga começou a andar de um lado para o outro, coçando a cabeça, parecia que pensava em algo. Depois de algum tempo, Barriga parou de andar e começou a falar:

– Eu tô aqui pensando uma coisa, ô Jota. Eu tô pensando uma coisa aqui que vai ser boa pra todo mundo, principalmente pra gente. Pensa bem, J. A gente tá lá, vendendo aquela parada que caiu do céu, negócio da China. Mal a parada começou e já dá pra ver que o negócio vai ser bom. Eu já tô fazendo mil planos pra grana que vai entrar. Já tô até pensando em trocar de carro por conta da parada. Tu pode levar a tua namorada, a Madalena, em restaurante bacana quase todo dia. Mas e quando o pó acabar? Vamos fechar a parada? Tu já viu loja que tá dando certo fechar por falta de mercadoria? A gente tem que arrumar rapidinho um fornecedor, Jota! Então, o pó não vai cair do céu, mas o fornecedor caiu. Esse cara, o Tião Demônio, é trafica de responsa. Tem acesso a vários canais de coca que a gente não tem.

– E tu acha que ele solta a Madalena só pra ser nosso fornecedor?

– Se tiver participação, solta.

– E o que você quer? Que o cara seja sócio? Mais um sócio na parada?

– Que que tem ter mais um sócio se a grana aumentar também?

*****

Tião ligou irritado para Jota Rui.

– Porra, tu tá de sacanagem! A bunduda não usa calcinha!

– Calma, Tião Demônio! Eu tô sabendo! Agora que eu sei que tu tá mesmo com a Madalena, a gente pode negociar.

Tião se acalmou, mas logo tratou de parecer nervoso para poder negociar. Repetiu a sua proposta, gritando ameaçador:

– A parada é a seguinte: quero minha parada de volta! Quero meus 20 quilos da pura, aí eu devolvo a bunduda.

– Calma, Tião, primeiro eu vou dizer umas coisas que eu tô sabendo de você. – Jota nervoso, tentava mostrar tranquilidade, mantinha a voz firme, mas as mãos tremiam. – Eu sei que tu não tá mandando mais no morro, tu tá fora da parada, tá no desvio. Sei que tu tá durango kid, precisando de grana...

– Eu só quero a minha parada de volta!

– Calma, negão! Eu sei também que a polícia tá toda atrás de tu, sei que o secretário de Segurança tá putaço da vida por conta do tal túnel que vocês cavaram lá no presídio. Uma desmoralização do cacete! A imprensa tá sacaneando o cara e ele quer cabeças! A tua ia deixar ele bem satisfeito. O homem vai fazer qualquer coisa pra recapturar todo mundo que usou o túnel pra fugir! Ele quer sangue! O teu ele ia achar do caralho!

– Tá legal, o cara tá puto, mas eu também tô! E tu sabe coisa pra caralho, mas eu também sei. Sei que tu tá louco pela bunduda, e que vai fazer qualquer parada pra comer aquele rabo de novo! – Tião provocou.

J. Rui se segurou para não sair gritando, xingando o bandido. Nervoso, se esforçou para que sua voz soasse calma ao telefone.

– Se tu machucar a Madalena eu vou ficar muito chateado contigo, podes crer. Vou ficar que nem o secretário de Segurança está e vou me dedicar a te pegar 24 horas por dia, e pode ficar certo que te pego. Eu te acho rapidinho, que eu te conheço, conheço a tua mãe, sei onde ela mora... E aí, quando eu te pegar, tu vai virar exemplo, o secretário de Segurança vai amar te conhecer, tu vai ficar famoso rapá, mesmo um merdinha como você vai virar peixe grande, e peixe grande fica podre rapidinho, tu sabe...

– E aí? Não tô nem aí pras tuas ameaças! Me devolve a parada que eu devolvo a bunduda! – Tião sabia como irritar Jota.

– Tu pode não tá nem aí, mas eu vou te dizer o que eu posso fazer por você: eu posso te dar proteção, malandro. Posso te informar todos os passos da polícia pra tu poder se defender, em vez de correr atrás de tu, eu posso garantir a tua liberdade e...

– É pouco...

– Não é pouco não e tu sabe, mas eu tô te oferecendo mais. – J. Rui contou do negócio que montara em Ipanema com a droga do bandido, falou das vantagens de uma boca limpeza com proteção policial, dos lucros incríveis que podiam ter ali, que quando essa partida da droga acabasse, Tião poderia ser o fornecedor do produto. Jota parecia um corretor de imóveis desfilando as maravilhas de seu empreendimento. E, no final, fez a oferta que considerava irrecusável: ofereceu sociedade ao bandido.

Tião ficou em silêncio.

– E aí, negão, não vai falar nada? – Jota percebeu que Tião tinha ficado balançado.

Tião calou fundo, sabia que a história do secretário de Segurança era verdadeira, tinha lido nos jornais, e sabia que Jota podia mesmo ajudá-lo a se manter escondido. A oferta da sociedade não era a melhor do mundo, mas garantia um dinheirinho em suas mãos, e sem muito esforço. Numa hora dessas, era uma boa. A proposta era quente, mas ele não podia abrir as pernas rápido, tinha que se valorizar. Fez a sua jogada:

– Essa tua conversa é caô! Tá pensando que eu sou otário! Te dou uma hora pra dizer se vai devolver a minha parada ou não!– Tião desligou o telefone na cara do policial.

Jota não ficou nervoso. Percebeu que Tião já tinha topado a proposta, mas não queria admitir logo. Estava certo. Uma hora depois Tião ligou, com um discurso torto, cheio de espertezas, acabou topando o negócio.

Madalena apareceu na manhã seguinte.

12

Na quinta-feira o movimento começou cedo. O entra e sai constante de clientes não permitia a Sílvio parar de trabalhar nem para ir ao banheiro. A correria era tanta que ele não chegou a registrar uma mudança no comportamento de sua mãe. Em vez de se isolar no quarto, Edna apareceu umas duas vezes na sala para perguntar sobre as vendas, acompanhando com interesse o desenrolar dos negócios.

Sílvio recebia um freguês atrás do outro. Só no final da manhã, quando um cliente mais íntimo apareceu, pôde dar uma relaxada.

– Júnior, qualé?

– Qualé, mano. Tem uma parada pra mim aí?

– Entra aí. Segura a onda um pouco aí na sala que eu não tive tempo pra porra nenhuma hoje. Muita venda! Quanto tu quer?

– Tô de bem com a vida. Meu velho me deu uma grana pra comprar umas roupas. Vou comprar uns 30 gramas de camisetas, ré-ré-ré – riu da piada.

– Só se for agora. Senta aí e guenta um pouco que eu vou largar um barro e já volto com a roupa nova.

– Roupa nova! Essa é boa! – Júnior riu mais alto, adorou a sua piada na boca de Sílvio. Nem bem Sílvio sumiu para dentro do apartamento e o telefone tocou. Sem pestanejar, Júnior atendeu. Sentia-se em casa ali naquele apartamento, a melhor coisa que havia acontecido em sua vida de viciado nos últimos tempos. Um local tranquilo, onde podia comprar sua coca sem precisar encarar traficantes ou policiais.

– Alô, residência dos Silveira – Júnior falou com a voz empolada, brincando de mordomo.

– Alô, quem tá falando, porra? – gritou o sujeito do outro lado da linha sem entender a brincadeira.

– Quer falar com quem? – Júnior assustou-se com a truculência do interlocutor.

– Quero falar com o Sílvio, rapá? Cadê o Sílvio? Quem é que tá falando aí? Cadê o Sílvio?

– Aqui é o Jú... Júnior – gaguejou o viciado.

– Júnior? Quem é você, ô moleque? O que que tu tá fazendo aí?

– Eu sou amigo do Sílvio...

– Quem tem amigo é puta! Rapa fora daí, senão eu vou aí te capar, ô mané! Chama o Sílvio e se manda! Vai! Vai!

Sílvio chegou na sala trazendo a "roupa" de Júnior, mas não viu mais o amigo, só a porta da sala escancarada.

Sílvio fechou a porta e pegou o fone que Júnior deixou em cima da mesa.

– Quem é?

– J. Rui. Quem é esse babaquinha que atendeu?

– O Júnior, é clien... quer dizer, amigo meu! – Sílvio procurava disfarçar. – O que você disse pro cara fugir desse jeito?

– Ah, era cliente? – J. Rui não estava muito preocupado em escolher as palavras ao telefone. – Então foi mal. Mas como é que o cara atende o telefone assim na cara dura? Tua mãe não tá aí?

– Tá lá no quarto.

– Que cara folgado! Achei que era algum intrometido, fiquei preocupado...

– Puta que pariu! O cara ia comprar, quer dizer, a gente ia ter uma conversa legal! – Sílvio ainda tentava falar em código, não queria dar bandeira no telefone. – Eu só tinha ido ao banheiro, porra!

– Tá bom, foi mal! – desculpou-se J. Rui.

– Porra, eu não posso nem cagar mais... – Sílvio continuou a reclamar.

– Tá legal, foi mal... – J. Rui continuou se desculpando.

– Pô, não deu nem pra me limpar... – Sílvio ainda tentou continuar reclamando, mas Jota encerrou a questão com um grito que se mostrou bastante convincente.

– Chega, porra! Para de reclamar, caralho! Senão tu não vai ter nem mais bunda pra limpar!

– Calma, calma. – Sílvio assustou-se.

– O negócio é o seguinte. – Jota entrou finalmente no assunto. – Nós vamos ter que dar outro passeio. Se arruma aí e desce.

– Agora? Agora não dá pra passear. Tô esperando um monte de cli... de amigos.

– O passeio vai ser agora! – J. Rui gritou com autoridade, dispensando argumentos mais elaborados. – Manda a velha dispensar os fregueses que vierem.

– Tudo bem – consentiu Sílvio.

– Cadê o Zeca? – J. Rui perguntou.

– Tá na casa dele.

– Vamos pegar ele, também tá convidado pro passeio.

Sílvio procurou a mãe no quarto.

– Mãe, vou ter que sair. Quando alguém chegar aí você dá uma des culpa e dispensa o cara.

– Dispensar? – Edna ficou preocupada. Se Sílvio não vendesse mais, não conseguiria recompor a droga. E se não recuperasse a droga, Tião Demônio podia até matar o seu caçula! Edna desesperou-se. – Meu filho, você tem mesmo que sair?

– Tenho, mãe.

– Mas você não pode parar de vender!

– Cumé que é?

– Se você quiser, eu mesma posso fazer o trabalho, quer dizer, eu mesma posso...

– Não tô te entendendo, mãe! Tu deve tá maluca! Tu não vai vender nada! Da última vez ofereceu até biscoito pros caras! Olha, faz o seguinte: quando os caras chegarem fala que eu saí, mas que depois eu dou um brinde pros caras por eles terem vindo à toa aqui, falou?

*****

Meia hora depois Jota Rui apareceu. No banco do carona vinha Barriga. Sílvio entrou no carro e sentou-se atrás.

– Tu conhece o Barriga? – Jota perguntou.

– Nosso sócio? Prazer! – Sílvio estendeu a mão, mas não teve resposta, ficou com a mão no ar. Recolheu a mão e a si mesmo à sua insignificância.

Seguiram em silêncio na direção de Copacabana, onde pegaram Zeca. Dali seguiram para a Tijuca. Zeca e Sílvio iam no banco de trás, remoendo os pensamentos em torno do tema "tamos fudidos".

Chegaram à Tijuca, rodaram um pouco pelas ruas do bairro, até que entraram em uma rua com pouco movimento e pararam em frente a uma casa abandonada. Os policiais saltaram do carro e apontaram suas armas, indicando o caminho para Sílvio e Zeca.

A sala da casa abandonada e malcheirosa era o local da reunião, que começou sem muitos rodeios.

– A parada é a seguinte – explicou J. Rui. – Nós trouxemos vocês aqui pra avisar que tem sócio novo na parada!

– Mais um sócio? É polícia também? – A pergunta de Sílvio não tinha nenhuma intenção irônica, saiu de sua boca num impulso, ingenuamente, mas ninguém no mundo acreditaria que ele não perguntou aquilo de sacanagem. Inclusive Barriga, que demonstrou dando um tapão na cabeça de Sílvio, que quase o fez desmaiar.

– Tu quer ser preso, moleque? Como é que tu fala um troço desses? Como é que tu fala assim da polícia, rapá! Tá pensando o quê? – Um súbito espírito de corpo se abateu sobre Barriga que sentiu necessidade de defender sua instituição.

– Calma, Barriga! – J. Rui queria tratar de negócios. – Explica pro garoto direitinho o que vai rolar agora.

– Tá legal. O negócio é o seguinte: o novo sócio se chama Tião Demônio!

– Caralho! Tião Demônio? O traficante? – assustou-se Sílvio.

– Ele mesmo!

– Mas ele tá preso!

– Não tá mais. Escapuliu. O cara é o nosso novo sócio.

– Mas o cara é o dono daquela parada que tá lá em casa.

– Justamente por isso o cara tá entrando na sociedade. E tem mais: a gente quer dizer pra vocês que o negócio agora vai mudar. A gente vai vender mais, cada vez mais. O Tião pode conseguir muito mais coca do que a gente tem hoje. Você vai ter que convencer o papaizinho e a mamãezinha que esse negócio é pra sempre.

– Pra sempre? E se o Julio voltar?

Jota Rui olhou duro para Sílvio, e tratou de explicar a situação com alguns detalhes a mais:

– O Julio não vai mais voltar, entendeu? Nunca mais! Essa é a ordem. O teu irmão vai ficar onde ele tá, na casa do caralho, na puta que o pariu, não me interessa onde é, entendeu? Tu se vira pra ele não voltar e, é claro, tu se vira também pro papaizinho e a mamãezinha não encherem o saco. Essa é a tua parte no negócio. Nós temos certeza que tu vai conseguir garantir as vendas no apê, não é, Barriga?

– Exatamente. – A cara fechada de Barriga denunciava as suas intenções no caso de Julio aparecer.

Sílvio sentiu um frio na barriga. Sabia que estava ferrado, que precisava arrumar uma maneira de se livrar daquele negócio, mas sabia também que não era ali, naquela casa abandonada, que resolveria a situação. Tinha plena noção de que não conseguiria argumentar democraticamente em um cenário como aquele e com dois policiais cheios de más intenções apontando armas para a sua cabeça. Tratou de acertar os detalhes do negócio, fingiu que estava concordando com tudo, que estava tudo certo, o importante era cair fora dali o mais rápido possível.

– Tá bom. Então só pra rememorar. De agora em diante o nosso acordo é o seguinte: 25 por cento para o J. Rui, 25 por cento para o Barriga, 25 por cento para mim e para o Zeca e 25 por cento para o Tião Demônio.

– Ei, peraí! E a Madalena? – Barriga tomou a frente na explicação. – Essa combinação tá errada, rapaz! A combinação que tá valendo hoje é dez por cento pra Madalena. Isso continua.

– É isso mesmo! – J. Rui olhou para Barriga. – A Madalena tem dez por cento de comissão aí!

Zeca, que ficara calado o tempo todo, resolveu participar da discussão de negócios:

– O que que a Madalena faz nessa parada?

– A Madalena é peça muito importante no processo. – J. Rui respondeu, sem explicar nada. Em seguida fez questão de passar para todos qual deveria ser a nova combinação, para que não houvesse dúvidas:

– Então vamos consertar a combinação. São dez por cento pra Madalena, e o resto dividido em quatro partes. Uma parte pro Sílvio, uma pra mim, uma pro Barriga e uma pro Tião Demônio.

– Peraí! Tô achando essa combinação meio mandrake! Onde é que eu tô aí? – Zeca não se convenceu.

Sílvio apressou-se em acalmar o rapaz:

– A sua parte é metade da minha, tu sabe que tá dividindo comigo.

– E quanto é que fica pra cada um?

Sílvio tentou explicar com mais detalhes:

– Tirando os dez por cento da Madalena, sobram 90 por cento, que divididos por quatro dá 22,5 por cento pra cada sócio. Se tu tá dividindo comigo uma parte, cada um de nós fica com 11,25 por cento. Entendeu?

– Porra, só 11! Peraí, mano, a Madalena não faz porra nenhuma e tem dez!

Sílvio tentou conter o amigo. Falou baixinho no seu ouvido:

– Porra, Zeca, fica quieto! Sociedade é assim, nem todo mundo precisa fazer alguma coisa. As coisas são do jeito que são e pronto! Por exemplo, nossa parada tem dois policiais, certo? Pra quê? Não bastava um pra dar segurança? Mas tem dois e pronto! Não tem que discutir, as coisas são assim porque são assim e pronto.

– Mas eles são canas, porra! Ameaçaram a gente e entraram na marra. Mas enfiar essa tal de Madalena na parada já é demais! O que ela faz além de dar pros caras? Porra, ela não pode dar pros caras de graça?

– Porra, meu irmão, não arruma merda. Tá bom como tá. Os caras querem a mulher na parada! Quem somos nós pra discutir? Onze por cento tá bom demais. Tu nunca ganhou tanta grana!

Mas Zeca não queria escutar os argumentos de Sílvio. Um inusitado senso de justiça comercial baixou no rapaz.

– Por que a tal da Madalena tá na parada? Só porque ela tá dando aquele rabo? Quem tá comendo a moça que banque a parte dela! Eu não tenho nada a ver com isso!

– Cumé que é? – J. Rui gritou.

– É isso mesmo – Zeca continuou seu ataque. – Ela só tá nessa parada porque tá dando aquele rabo! Quer saber de uma coisa: pra merecer os dez por cento, ela tinha que dar pelo menos pra todos os sócios. Por que ela tá dando só pros dois canas?

O tempo parou esperando a reação dos policiais. Os circuitos cerebrais de J. Rui demoraram para começar a funcionar, mas finalmente entraram em ação. J. Rui era um homem apaixonado. A paixão imbeciliza, a paixão cega, mas mesmo homens apaixonados conseguem, em certas ocasiões, escutar. E J. Rui escutou perfeitamente quando Zeca falou que Madalena estava na sociedade não só por ser sua namorada, mas por dar para "os canas". J. Rui ouviu perfeitamente e sabia o significado da frase. Sabia que a palavra cana era uma forma pejorativa de se referir a membros da polícia. E tinha escutado perfeitamente a palavra ser enunciada no plural, canas. Foi esse plural que o fez pensar, e o seu pensamento recaiu exatamente em Barriga, o único outro policial que tinha sociedade no negócio. Será que Barriga continuava pegando a Madá? Será? Mas ela jurou que foi só uma vez, que ela agora era só dele! Os olhos de J. Rui perscrutaram o terreno em busca do outro policial, mas em vão. Barriga sumiu. Fingindo uma súbita dor de barriga, se meteu num banheiro em escombros que havia na casa abandonada.

– Que isso? – gritou J. Rui irritado. – O que você tá sabendo? Que história é essa? Quem namora a Madalena aqui sou eu, porra! Nós somos sócios na venda do pó! A Madalena é minha! Só minha!

– É claro que é sua! – Sílvio colocou seu capacete de bombeiro e tentou apagar o fogo. – O Zeca tá doidão! Não tá falando coisa com coisa! Cheirou duas carreiras de coca antes de vir pra cá! Eu disse pra ele que se ficar consumindo a mercadoria o negócio acaba dando pra trás!

Sílvio tentava mudar de assunto, inserindo um novo tema polêmico antes que o pau cantasse por ali.

– Cheirar a cocaína em vez de vender não é legal, Zeca!

J. Rui, ainda baqueado com a denúncia da possível infidelidade de Madalena, resolveu acatar a mudança de tema, pelo menos enquanto Barriga estava no banheiro. Só assim podia pensar numa maneira de enfrentar a sua provável cornitude.

– Tu tá cheirando a coca em vez de vender? Isso é muito grave!

– Eu não cheirei porra nenhuma! – Zeca não entendeu a jogada de Sílvio.

Antes que o assunto Madalena voltasse à baila, Sílvio continuou com sua história:

– Cheirou sim! E isso é muito grave! Eu sou teu amigo, mas negócio é negócio e eu tinha que te denunciar! – Começou um discurso sobre a importância de levar a sério o negócio, das normas de segurança, um monte de bobagem que parecia bastante com modernas teorias de administração de negócios. Foi a deixa para Barriga, que a tudo ouvia de dentro do banheiro, sair como um bólido lançando-se em direção à porta da casa com um celular colado ao ouvido.

– Tenho que ir para a delegacia. Uma diligência urgente! – desculpou-se ao mesmo tempo em que falava ao celular. – Tou indo já! Guenta as pontas aí que eu vou voando!

Saiu andando pela rua com o telefone ainda no ouvido, na esquina fez sinal para um táxi. Entrou no táxi e se mandou.

J. Rui, Sílvio e Zeca ficaram na casa sem saber o que fazer, sem ter mais o que falar, o assunto da cheiração de Zeca já não tinha mais importância. Sílvio tomou a frente e dispersou a reunião.

– Bom, gente, parece que tá tudo combinado, a nova sociedade tá definida. Agora é voltar pro trabalho.

J. Rui saiu cheio de dúvidas, com cara de corno que ainda permanecia manso, mas não por muito tempo. Entrou no carro e partiu de volta à Zona Sul. Fez o percurso todo falando sozinho:

– Será que a Madalena continua dando pro Barriga? O que esse tal de Zeca tá sabendo que eu não sei? Essa filha da puta tá me enganando? Eu mato os dois se for verdade!

Sílvio e Zeca foram deixados pra trás, abandonados na casa abandonada.

– Pô, meu irmão, como é que tu sabe que ando cheirando a parada?

– Eu não sabia de nada, mas precisava desviar o assunto. Pô, meu irmão, tu é maluco? Como é que tu fala que o Barriga também tá comendo a mulher do outro?

– O Barriga tá comendo a Madalena?

– Ué, não tá? Pensei que tu tava sabendo dessa parada...

– Eu não tô sabendo de nada não! Eu nem conheço essa Madalena! Eu tava puto de ganhar o mesmo que a vagabunda, falei a primeira merda que me veio à cabeça!

*****

Esperar é chato, irritante, sem graça, cria ansiedade, deixa todo mundo nervoso, mas é uma das principais atividades humanas. Espera-se em pé, espera-se em filas, espera-se calado, espera-se principalmente por muito tempo. E é quase impossível vislumbrar algum lado bom no ato de esperar, mesmo que se procure por todo o tempo que se espera durante a vida. Aguardar é sempre melhor. Aguarda-se um instantinho, um pouquinho, um momentinho, sempre no diminutivo. A quem aguarda é sempre servido um cafezinho ou pelo menos uma água. Mas aguardar é para poucos. A maior parte das pessoas espera mesmo, e sem nenhum conforto. Se for oferecido qualquer conforto, trata-se certamente de ironia.

– Espera sentado!

Quem espera sentado sabe que vai penar uma eternidade até conseguir o que deseja. E quase sempre quem "espera sentado" o faz de pé.

Desde o domingo, Julio e Mário Filósofo esperavam sentados pela volta de Solange e Daniela. E esperavam de pé. E conversando, e dormindo, e comendo, e fingindo que tudo estava normal. Só pensavam na volta das duas, mas simulavam não ligar muito para a falta que elas lhes faziam.

– O que a Solange disse pra você quando foi embora?

– Disse que ia tentar voltar na quinta.

– E a Dani?

– Também. Disse que vinha com ela.

– Tá certo. De repente não deu pra elas virem na quinta.

– É, às vezes não deu...

Na quinta-feira a conversa variou em torno desse assunto. Na sexta-feira eles se postaram sentados em frente ao ponto de ônibus e de lá só saíram quando o último ônibus chegou sem as meninas a bordo.

– Vai ver elas não podiam matar aula na sexta-feira.

– Quem sabe os pais só deixaram elas viajarem no fim de semana?

Mal dormiram esperando o sábado amanhecer, e mais uma vez montaram acampamento no ponto de ônibus. No primeiro ônibus as duas não estavam.

– Esse ônibus sai muito cedo de Resende. Elas devem chegar no das 11.

Não chegaram no das 11. Nem no de uma hora da tarde. Julio não aguentava mais de ansiedade.

– Se elas não vierem no próximo, eu é que vou. Vou para São Paulo. Não tá dando mais para esperar.

– Vou também. – Filósofo também decidiu.

– Ué, o que tu vai fazer em São Paulo?

– Não, ô babaca. Vou também atrás da Sô no Rio.

– Nossa! O hippie velho tá mesmo apaixonado! – Julio brincou com o companheiro. A resposta que obteve foi o silêncio. Mário não procurou sacanear o amigo, não tentou provocá-lo, simplesmente calou-se mostrando que, pelo menos dessa vez, Julio acertou em cheio.

– Caraca! Tá apaixonado mesmo! Fiquei até sem jeito com o teu silêncio. Pô, legal, nunca te vi assim antes.

– Você me conhece há pouco tempo, pô!

– Tudo bem, mas mesmo nesse tempinho que te conheço não pensei que você tivesse a capacidade de ficar nesse estado.

– Nem eu, cara! Acho que tô ficando velho! Tu vai quando? – Mudou de assunto antes que a descoberta desse novo Mário Filósofo começasse a incomodar.

– Vou só arrumar minhas coisas e me mandar. – Julio não aguentava mais, mal conseguia segurar a ansiedade de partir logo.

– Eu vou descer pra Resende contigo. Arrumo minhas coisas rapidinho.

Os dois partiram céleres para arrumar suas tralhas. Dez minutos foram suficientes para os dois se encontrarem novamente, dessa vez já com as mochilas nas costas. Julio chegou com um papel dobrado na mão.

– Faz um favor pra mim. Leva essa carta pros meus pais.

– Uma carta? Por que tu não telefona pra eles?

– Que que custa tu entregar uma carta?

– Que custa você telefonar de São Paulo?

– Ah, sei lá, eu tô longe há duas semanas, se eu ligar vou ter que ouvir sermão da minha mãe.

– E você quer que eu escute o sermão da sua mãe!

– Não, ô babaca, ela não vai fazer sermão pra você!

– Aí, não sei se eu tô a fim de ir até a sua casa não! Depois que eu encontrar a Sô, não vou ficar com muita vontade de ouvir sermão de mãe não!

– Tá bom, tá bom. Eu ligo pra velha lá de Sampa. Não precisa levar porra nenhuma.

Depois de alguns segundos de silêncio, Mário retomou o assunto.

– Tá bom, me dá essa carta.

– Agora não precisa mais. Eu ligo lá de Sampa.

Não, pode deixar que eu levo.

– Não quero mais!

– Me dá essa merda aqui. – Mário arrancou a carta da mão de Julio. – Tu disse que era pra entregar uma carta? Cadê a carta? – Mário contou as linhas escritas: um, dois, três... oito! – Oito linhas! Isso não é carta. Isso é um bilhete.

– É carta, você coloca num envelope pra mim.

– Só porque tá dentro de um envelope não vira carta. Carta tem que ter pelo menos uma página escrita. Eu não vou entregar um bilhete pra sua mãe, vou entregar uma carta. Que raio de escritor é você que não consegue escrever uma carta?

– Não enche o meu saco, porra! Não precisa entregar a minha carta ou bilhete ou o que você achar que isso aí é!

– Tá bom. Eu entrego. Mas olha, vou te dizer uma coisa: um escritor escrevendo uma carta de oito linhas... o prêmio Nobel tá cada vez mais distante!

*****

Assim que desceu do ônibus na rodoviária do Rio de Janeiro, Mário procurou um orelhão. Ligou pra Solange pra anunciar sua chegada à cidade. A empregada atendeu:

– Quem quer falar com a Solange?

– Diz que é o Mário. Eu sou amigo dela.

– Dona Solange foi pra São Paulo.

– São Paulo? Tem certeza? – Mário se surpreendeu.

– Ah, tenho. Eu ouvi bem quando ela falou pra mãe que ia pra São Paulo

– Pô, mas ela foi pra São Paulo?

– Não sei nem como a mãe deixou!

– Não foi Bagagem?

– Não, ela nem levou muita bagagem, porque a mãe deu uma bronca nela, fez ela prometer voltar logo!

– A mãe brigou com ela?

– Ih, menino. A dona Helena vive brigando com a Solange. Mas dessa vez a coisa foi feia. A mãe não tá gostando nem um pouco dessa história da Solange estar viajando toda hora! Mas... o senhor quer que deixe recado.

– Não, não... – Antes que tentasse responder, Mário ouviu o tu-tu-tu de ocupado. A ficha caiu. Tinha levado um bolo de Solange. Tanto tempo pra se apaixonar por uma garota e logo a primeira lhe dava um pé na bunda. Que merda! E agora? Pegar outro ônibus e voltar pra Bagagem? Que mico! Mário não sabia o que fazer. Sentou-se num banco da rodoviária e ficou ruminando a sua tristeza. Mas bastou meia hora para que Mário curasse a sua paixonite. Sua recuperação foi rápida. Levantou-se ainda sem saber o que fazer. Enfiou a mão no bolso e achou a carta de Julio. Já que não tinha nada para fazer, resolveu entregá-la. Pegou um ônibus para Ipanema.

*****

Quando ouviu a campainha da porta tocar, Zeca tratou de cheirar rápido a carreira que acabara de esticar. Recolheu a montanha de cocaína que mantinha sobre a mesa e jogou tudo rápido dentro de um saco plástico. Juntou ao saco grande os saquinhos com um grama que já havia preparado e jogou tudo dentro do armário. Aproximou-se da porta.

– Quem é? – perguntou preocupado.

– Sou eu! – era a voz de Sílvio lá fora.

– Sílvio? Tu tá sozinho?

– Tô. Quando é que tu vai botar um olho mágico nessa merda?

Ainda receoso, Zeca abriu devagar a porta. Sílvio estava mesmo sozinho.

– Vou comprar um olho mágico no dia que você parar de encher o meu saco. – Zeca respondeu sem esconder o alívio por ver o amigo desacompanhado. Imaginou encontrá-lo com os dois policiais "sócios" da parada.

Sílvio foi entrando e se jogando no sofá, como fazia sempre que ia ali na condição de cliente folgado. Agora era um sócio folgado.

– Que que tu veio fazer aqui, mané? Acabei de mandar um monte de cliente lá pro apê. Os caras vão chegar lá e dar de cara com a porta!

– Minha mãe tá lá.

– Ela vai atender os clientes? A velha entrou de vez na parada?

– Não. Ela vai dispensar os caras.

– Porra, mas os caras vão ficar putos!

– Fodam-se eles!

– Foda-se a gente, meu irmão! Foda-se a gente!

– A gente tá fudido mesmo! Fudido por um, fudido por dez!

Zeca abriu a porta do armário, pegou novamente a droga e jogou tudo em cima da mesa. Abriu o saco grande cheio de cocaína, pegou a colherinha que usava para manusear a droga e retirou um pouco de pó. Começou calmamente a preparar uma nova carreira pra fungar.

– Tu continua cheirando a parada? – Sílvio perguntou.

– Qual é o problema? Nós não tamos fudidos?

– É, não deixa de ser uma maneira de resolver o nosso problema. Tu cheira a parada toda, e quando o meu irmão voltar tu diz pros canas que bateu um vento e levou tudo.

– Não enche o saco! Deixa eu aproveitar a parada que tá aqui de bobeira, morou?

– De bobeira?

– Qual é, ô geniozinho? Tu veio aqui pra ficar pegando no meu pé?

– Não, esquece, cheira a tua parada à vontade. – Sílvio levantou-se do sofá e começou a andar de um lado para o outro da sala. – Na verdade, eu vim aqui porque não tinha outro lugar pra ir. Tô de saco cheio, não sei o que fazer, tô a fim de mandar tudo pro espaço!

– Beleza! – Zeca deu uma primeira fungada na droga.

Sílvio continuou:

– O nosso plano deu errado, o meu irmão chega amanhã e eu não tenho a menor ideia do que fazer.

– Beleza! – Mais uma cafungada.

– Os caras vão ver o babaca do Julio e vão ficar putos.

– Beleza! – Zeca respondeu meio chapado sob o efeito da coca.

– Beleza o quê, porra?

– Quer dizer, que merda! Que merda! – Zeca percebeu o erro e corrigiu.

– É uma merda do cacete! – Sílvio foi até a porta. – Aí, eu vou sair pra encher a cara! Tu vem comigo?

– Bora!

Os dois saíram. Zeca largou a carreira de coca do jeito que estava.

13

Mário Filósofo pegou um ônibus e viajou quarenta minutos pelas ruas esburacadas do Rio de Janeiro até Ipanema. Saltou perto do endereço de Julio. Andou uns dois quarteirões até avistar o prédio. Entrou na portaria e dirigiu-se ao porteiro.

– Por favor. Você poderia entregar essa carta no apartamento 302?

– Não posso não! Se quiser entregar, entrega sozinho.

– Pô, o que custa? É só entregar uma carta, pô! – Mário insistiu.

O porteiro foi seco:

– Não.

Mário tentou argumentar:

– Vem cá, quando o Correio vem aqui e lhe dá as cartas você faz o quê?

– Assunto meu!

– O assunto é meu também, porque eu tenho uma carta pra entregar no apartamento. Toma, vai lá e entrega!

– Olha aqui, ô rapaz! Eu não recebo ordem de cabeludo!

– Ah! O problema é o meu cabelo?

– Não! O problema é o 302! – Severino não aguentou mais e estourou. – Se quer entregar alguma coisa, entrega você mesmo! Eu não quero saber de conversa com vocês, cabeludos, malucos, sei lá o que vocês são! Eu não quero papo com vocês que vão ao apartamento da dona Edna! Quem diria, uma senhora tão decente, agora metida com esses cabeludos cheios de piolhos!

O porteiro falou e saiu correndo, inventando que tinha que ver não sei o que lá na garagem. Mário teve que ficar com a fama de ter piolhos e o pior: ficou também com uma pulga atrás da orelha. Estranho! Será que o endereço estava certo? Por que o apartamento de Julio teria transtornado tanto o porteiro? Quem sabe o porteiro confundiu o apartamento? Entrou no elevador e subiu em direção ao apartamento de Julio. Tocou a campainha e logo uma senhora, provavelmente a mãe de Julio, atendeu. Olhou para ele com uma cara feia e antes que se apresentasse ou dissesse a que vinha, ela falou:

– A essa hora não tem nenhuma parada não, o Sílvio não tá!

A senhora mostrou uma rigidez que não combinava com o seu rosto suave. A fala parecia sair da boca da pessoa, mas o tom rude e o palavreado não condiziam com a figura que estava na frente de Mário. Ele piscou com força para se inteirar de que a velha era real, quando ela, impaciente, falou de novo.

– Vamos, garoto, vai embora porque agora não tem nada pra você aqui não!

Definitivamente era dublagem. Filme B americano. Mas pela hora não era a sessão da tarde. Mário tentou se inserir naquele espaço virtual, mas não tinha certeza se sabia a senha correta.

– Desculpe. Eu não sei de que a senhora está falando...

– Você sabe muito bem.

– Sei?

– Sabe.

– Desculpe, mas eu não vim aqui atrás de nada. Eu vim pra trazer um bilhete.

– Um bilhete? – Edna nem se impressionava mais com as gírias do tráfico, mas estava começando a se perder com aquele cliente. Repetiu pra ver se entendia.

– Você veio trazer um bilhete? Você quer dizer um papel?

– Papel? É, de certa forma é um papel, já que o bilhete está escrito num papel.

– Mas peraí. – Edna estava definitivamente perdida. – Ninguém traz papel aqui. Vocês pegam papel aqui.

– Bom, eu, no caso, vim trazer esse papel. – Mário estendeu a mão com o bilhete que Julio lhe enviara, mas de repente percebeu que aquela senhora ali podia não ser a dona Edna, mãe de Julio, principalmente depois daquele diálogo surrealista que estavam travando.

– A senhora é dona Edna, mãe do Julio? – perguntou para se certificar, puxando novamente para si o bilhete.

Edna ficou ainda mais confusa. E agora? Acompanhando mais ou menos de perto as vendas do filho viu como ele tratava com diversos tipos de fregueses, como lidava com os inibidos, os agressivos, os inseguros, os arrogantes, mas não havia recebido nenhuma lição de como tratar com os que traziam pó em vez de comprar. Peraí, pensou, os clientes não deveriam saber o seu nome, nem que era mãe de Julio. Julio? O rapaz sabia o nome de seu filho sumido!

– Julio? Mãe do Julinho?

– É a senhora?

– S... s... sou. – Edna não sabia se estava agindo corretamente ao confirmar que era a mãe de Julio.

Mário estendeu novamente o bilhete para Edna.

– Toma. Eu trago essa carta do Julio pra senhora.

– Ju...Ju...Ju... lio! – Edna ficou gaga, abriu a carta e começou a ler:

"Pai, Mãe. Estou bem. Estou mandando esse bilhete pelo Mário, que é um amigo que fiz nessa minha viagem. Estou em São Paulo, mas dentro de alguns dias estarei de volta. Tentei telefonar algumas vezes, mas não consegui falar com vocês. Era meio complicado telefonar do lugar onde estava. Espero que estejam todos bem. Beijos. Julio."

– Meu Julinho. Eu sabia que ele estava vivo!

Edna começou a chorar. Tentou reler o bilhete, mas não conseguia com a vista turva, coberta pelas lágrimas. Então ficou tonta. Antes que desabasse desmaiada no chão, Mário a segurou.

– Calma, dona Edna! Calma!

Ele a abraçou e a levou até o sofá da sala onde a sentou com cuidado. Edna chorava copiosamente, abraçada a Mário.

– Ah, meu filho, você é um santo! Me trazer essa linda notícia! Que alegria!

No momento em que o choro abrandou um pouco, quando Edna parecia preparada para falar algo, a campainha tocou. Edna levou um susto, estancou o choro rapidamente, levantou-se e dirigiu-se à porta. Abriu-a com determinação.

– Aí, vovó! Tem uma paradinha aí pra mim? – Foi o que Mário ouviu do outro lado da porta.

– Não tem mais nada não! A parada acabou! Agora que eu sei que o Julinho tá bem, não se vende mais nada nesse apartamento!

– Que isso, vovó?

– Você ouviu direitinho, rapaz!

Edna bateu a porta, nem ligou muito para o grito que veio de fora.

– Velha escrota!

Edna voltou para perto de Mário Filósofo e agora parecia outra pessoa. Lembrando o seu papel de boa anfitriã, ofereceu os biscoitinhos de praxe:

– Você aceita um biscoitinho, um café, uma água?

Mário aceitou. Aceitou também um sanduíche de queijo, um copo de leite, mais biscoitos, um lanche reforçado, bolo, café, suco, sanduíche.

À noite, conheceu o pai de Julio que quase caiu pra trás quando recebeu a boa notícia. Leu o bilhete e não chorou, mas sua reação, a sua maneira, foi tão forte quanto a de Edna. Vendo a comoção que aquele pequeno bilhete causara aos pais de Julio, Mário Filósofo se viu obrigado a tirar o chapéu para a capacidade da escrita do rapaz de emocionar as pessoas. Se apenas oito linhas, feitas rapidamente, haviam suscitado uma reação como aquela, imagine no dia em que Julio escrevesse um romance. Impressionante, ele realmente era um mestre da literatura!

*****

Sílvio voltou para casa por volta de onze da noite. Entrou meio trôpego, depois dos litros de chope que tomara com Zeca, maldizendo o momento em que teve a ideia de vender a droga que aparecera no armário de seus pais. Encontrou uma casa em silêncio, os pais já dormiam. Sílvio seguiu direto para o seu quarto, tentando fazer uma linha reta, o que o efeito da bebida não permitia. Ao passar pelo quarto de Julio, olhou para dentro e teve a impressão de ouvir um ronco. Entrou no quarto e viu na cama do irmão sumido um bolo de cobertores. Examinou mais de perto e viu que debaixo dos cobertores havia um homem, um desconhecido cabeludo roncando.

– Opa! Apartamento errado!

Então viu uma senhora entrando no quarto com o dedo indicador sobre os lábios pedindo silêncio.

– Shhhh! Não acorda o moço, Silvinho!

Sílvio reconheceu a mãe e rapidamente pulou fora da anedota de bêbado em que havia se metido.

– Quem é esse cara, mãe?

Edna puxou Sílvio para a sala e lá contou tudo. Que o hippie aparecera do nada trazendo ótimas notícias, que Julinho estava vivo, e bem de saúde, graças a Deus! Que ela lhe dera comida, os indefectíveis biscoitos deliciosos, e que ele até jantara lá e que ela resolveu oferecer para ele a dormida, pois já estava tarde.

A primeira reação de Sílvio, ajudado ainda pelo excesso de álcool no sangue, também foi de alegria por ver a mãe tão feliz, como não via há anos. Logo, a realidade caiu como um raio na cabeça de Sílvio, lembrando-o de que a volta de Julio era o seu maior pesadelo, o motivo que o fizera encher a cara. O retorno do irmão podia desencadear as piores consequências, podia lhe custar a vida, ou a de Julio, ou a de todos que ali estavam, transformando aquele apartamento num campo de guerra. Sílvio começou a tremer, a suar, ficou muito nervoso. Tentou acordar o cabeludo para saber onde o irmão se encontrava, mas Edna mostrou-se uma ferrenha guardiã do sono do hippie, defendendo com unhas e dentes o sono daquele que lhe trouxera uma das melhores notícias de sua vida. Não deixou Sílvio acordar Mário Filósofo de jeito nenhum. Sílvio procurou acalmar-se, e desistiu de sair contando tudo o que poderia acontecer a ele ou ao irmão e a toda a família se Julio voltasse. Seria muito forte para a mãe. Achou melhor esperar até a manhã seguinte.

Quando ia andando em direção ao seu quarto, o telefone tocou. Sílvio atendeu, era Zeca.

– Cara, o teu irmão já voltou?

– Ainda não. Por que tu tá perguntando?

– Um cara me ligou pra dizer que um tal de Julio voltou e melou a parada!

– E o que tu disse?

– Que tava tudo normal. Que não tem nenhum Julio na área. Teu irmão já voltou? – Zeca fez uma pausa, estranhou o silêncio de Sílvio. – Tá tudo normal? O cara já voltou?

– Não. Ainda não, mas tá tudo meio sinistro.

Edna irrompeu de seu quarto pedindo silêncio.

– Fala baixo, Silvinho! Vai acordar o rapaz!

Sílvio falou baixinho ao telefone.

– Parece que mudou tudo por aqui. Nem eu mesmo tô entendendo direito o que tá rolando...

– Desliga esse negócio, Sílvio! – Edna sussurrou enquanto gesticulava insistentemente pedindo silêncio.

– Cara, fica calmo que amanhã cedo eu te ligo. Tchau! – Sílvio desligou o telefone. Edna imediatamente tirou o fone do gancho.

– Que isso, mãe?

– Assim ele pode dormir melhor.

*****

J. Rui teve que trabalhar naquela noite. Um assassinato trágico, caso de filho matando o pai, o obrigou a desmarcar o jantar com Madalena. A moça tinha lhe dado outra surra de sexo na noite anterior, convencendo-o de que ela era só dele. Jota estava animado, queria bis nessa noite, precisava encontrá-la depois desse trabalho extra. Prometeu levá-la mais tarde a uma boate, para compensar o cancelamento do jantar, Madalena adorava dançar. Ele odiava, mas fazia qualquer coisa por ela.

Jota Rui chegou ao local do crime irritadíssimo, querendo matar aquele parricida filho da puta que quase arruinara a sua noitada. Estacionou o carro perto do prédio da ocorrência e, no caminho entre o carro e a portaria do prédio, apenas uns 20 metros, esbarrou em seu amigo Orlando Caolha, que lhe deu mais uma má notícia. Com palavras que mais pareciam uma sucessão de grunhidos, Orlando lhe disse que estava procurando por Jota há horas, que havia passado a tarde na porta do apê e descobriu que algo estranho estava acontecendo por lá.

– Como é que é?

– Lá no apê não tão mais vendendo não! – Orlando Caolha grunhiu.

– Pssst! Fala baixo! – Jota ficou preocupado por tratar daquele assunto ali, cercado pelos jornalistas que já chegavam para cobrir a tragédia. Puxou o gigante para um canto e falou baixinho.

– É claro que tão vendendo!

– Quase ninguém apareceu lá pra comprar hoje.

– Tu tava assustando os meninos de novo?

– Não, eu fiquei longe. Depois de um tempão apareceu um cara que é cliente. Ele subiu e desceu rapidinho. Quando ele desceu eu dei uma dura nele. O cara disse que parece que a loja fechou.

– Caralho! Que porra é essa?

– Alguém lá disse que não tão mais vendendo nada lá não!

– Que porra é essa! – J. Rui não estava entendendo nada. Tentou ligar para o apartamento uma três vezes seguidas, mas só dava ocupado. Os jornalistas começaram a aproximar-se de Jota, querendo notícias sobre o parricídio e Jota desvencilhou-se deles e subiu até o sexto andar, o local onde o moleque havia cometido o crime de estragar a sua noite. Uma hora depois, ainda em meio à diligência, Jota conseguiu ir ao banheiro, de onde tentou ligar mais algumas vezes para o apartamento. O sinal de ocupado insistia. Jota pensou um pouco e, um pouco contrariado, resolveu ligar para Barriga.

– Alô, Barriga, sou eu Jota. Olha, eu tenho que falar rápido, porque eu tô preso aqui numa parada de trabalho. Deu um problema lá no apê, não tá vendendo mais!

– Caralho! Que porra é essa?

– Eu não sei que porra é essa. Não tô entendendo nada, mas eu não tô podendo ir lá. Tu pode ir?

– Deixa comigo. Eu tô indo!

– Vai indo, que eu te encontro lá!

Depois de falar com Barriga, Jota teve que ligar de novo pra Madalena para desmarcar a boate. A noite de Jota tinha dançado de vez!

14

Sílvio demorou para dormir, excitado com a noitada e as notícias trazidas pelo hippie, mas logo acordou assustado, pensando ter ouvido a campainha tocar. Dormiu de novo, mas quando a campainha tocou pela terceira vez, percebeu que ela era real. Foi sorte os pais não terem acordado e ter sido ele a abrir a porta para Barriga, que já entrou gritando.

– Que porra é essa de não vender mais pó aqui?

– Calma, Barriga, não grita! Vai acordar os velhos!

– Foda-se os velhos!

– Quem te disse isso? É claro que tá vendendo ainda!

– Tá? – Barriga ficou um pouco desconcertado. – Mas me disseram que ninguém comprou porra nenhuma hoje aqui. O que que tá acontecendo, porra?

– Nada. O movimento caiu um pouco.

– Caiu no sábado! O movimento não pode cair no sábado, porra! Caiu é o caralho! Tu tá escondendo alguma coisa, ô moleque!

Barriga resolveu andar pela casa, procurando essa coisa que achava que Sílvio estava escondendo. Barriga entrou no primeiro quarto e deu de cara com o cabeludo que dormia a sono solto. Sonhava com os anjos. De repente, seu sonho começou a ficar estranho, O anjo começou a ficar nervoso, gritava, esbravejava e sua cara se transformou. Agora era um anjo gordo, com os olhos injetados, um anjo que descera aos porões do inferno.

– Acorda, porra! – O anjo não deu tempo a Mário de se espreguiçar ou curtir o finalzinho de seu sono, puxou-o pela gola da camisa fazendo-o ficar de pé. Ainda tonto, o hippie recebeu uma enxurrada de perdigotos na cara lançados pela boca do anjo gordo e suado com a cara retesada pela raiva.

– Quem é você, ô cabeludo? Tu que é o Julio? – Barriga gritava a plenos pulmões.

– Calma. Que isso? – Meio zonzo, Mário só conseguiu ver o relógio ao lado da cama marcando quase duas horas. – São só duas horas da madrugada...

– Pois é, tá tarde pra caralho!

A mãozada que Mário Filósofo levou na cara agiu como um despertador, acordando-o de vez.

– Quem é você, porra? – Barriga gritava.

– Quem? Eu?

– Claro que é você, ô babaca! Tu que é o tal do Julio?

– Eu?

Mário precisou de vários safanões para entrar no ritmo da conversa. Barriga resolveu economizar as porradas, apertando o pescoço do cabeludo com as mãos.

– Desembucha, malandro, qual é o seu nome?

– Arfff! – Foi o que Mário conseguiu dizer com o pescoço apertado.

Barriga afrouxou um pouco as mãos.

– Meu nome é Mário. Eu sou amigo do Julio.

– Amigo do Julio? – Barriga quase saltou sobre Mário. – Você conhece o Julio? Sabe onde ele tá?

– Arfff! – Barriga apertou mais o pescoço. Era a força do hábito.

– Fala, porra!

O efeito da garganta apertada demorava um pouco para passar. Mário, começou a tossir. A demora da resposta fez Barriga se irritar e apertar mais a garganta.

– Arfff!

– Fala, porra!

Cada vez que a resposta demorava, Barriga apertava mais a garganta, impedindo Mário de falar.

– Arfff!

– Caralho! – Barriga percebeu que se não soltasse a garganta do hippie não conseguiria uma resposta. Tirou as mãos do pescoço de Mário.

O cabeludo ainda tossiu um pouco até conseguir falar novamente.

– Eu sou amigo do Julio. Tô trazendo uma carta pros pais dele.

– Carta? Que porra de carta é essa?

– Uma carta do Julio. Ele mandou uma carta pros pais.

– Uma carta do Julio? Mentira! O que diz nessa carta? Cadê a carta?

Antes que Mário respondesse, a campainha tocou.

– Caralho! – Barriga virou-se nervoso. Sacou o revólver.

– Deixa que eu atendo. – Foi Sílvio que falou por uma fresta da porta do quarto, que havia fechado para tentar não acordar os pais.

Sílvio atendeu a porta e deu de cara com J. Rui.

– O Barriga já chegou? – J. Rui já foi entrando.

– Quem é? – Barriga com a arma em punho aguardava atrás da porta do quarto de Julio.

– Sou eu, Barriga! Consegui me livrar daquela porra daquele assassinato.

– Jota! Puta que pariu, tu já chegou! Eu acabei de chegar!

– Caralho, mas tu mora longe pra caralho, hein!

– Esse cabeludo diz que sabe onde tá o Julio.

– E tu contou pra mãe que ele tá vivo? – Jota perguntou para Mário.

– Contei – Mário respondeu e tomou uma porrada imediatamente, caindo no chão.

– É por isso que não tá vendendo mais nada aqui. A porra da mãe já sabe que o filhinho tá bem. – Jota levantou Mário pelo cangote. – Onde é que tá o Julio?

– Não sei – Mário respondeu pela enésima vez, achando uma covardia o adversário receber reforços.

– O cara tá dizendo que veio trazer uma carta – Barriga explicou.

– Uma carta? Que porra de carta é essa? – J. Rui perguntou agressivo.

– Uma carta do Julio.

– Cadê a carta? Desembucha ô cabeludo! Cadê a carta do Julio? – Jota gritou.

*****

– Que barulho é esse? – Edna acordou assustada. – Eustáquio, acorda, homem!

Eustáquio continuava dormindo. Edna cutucou o marido.

– Você não está escutando um barulho esquisisto? Parece que uma pessoa está batendo em alguém...

– Dorme, Edna, deve ser o vizinho.

– Será? – Edna estava desconfiada. – É, pode ser, aquele casal do 402 não se dá muito bem mesmo. O porteiro me disse que o marido bate na mulher, mas eu não acreditei.

– Dorme, mulher.

Edna tentou dormir, mas não conseguiu. O barulho continuava.

– Eustáquio, eu acho que não é no apartamento de cima não, acho que é embaixo.

– Hmmm. – Eustáquio roncou como resposta.

– Eustáquio, desculpa, mas os gritos tão meio altos e não parece grito de mulher.

– Dorme, Edna, vai ver a mulher do vizinho é que tá batendo no marido.

– Será? – Edna espantou-se. – Nossa! Eu não tinha pensado nisso...

– Dorme, mulher.

Edna mais uma vez fechou os olhos, tentando adormecer. Sem conseguir, ficou quieta no seu canto escutando o barulho. Depois de alguns minutos foi Eustáquio que falou com ela.

– Acordei. Não consigo mais dormir.

– Desculpa, Eustáquio.

Eustáquio, agora desperto, começou a prestar mais atenção no barulho.

– Edna, esse barulho não é em cima nem embaixo. É aqui!

*****

No quarto de Julio a conversa não tinha avançado muito, versando apenas sobre um tema: Julio. A mesma pergunta era repetida incansavelmente:

– Onde é que tá esse Julio?

– Não sei!

– Cadê a carta? Cadê a carta?

E a resposta era a mesma:

– Não sei! Não sei!

E a reação era a mesma: porrada!

Então de repente ouviu-se uma resposta diferente.

– A carta é para os pais! – Foi Eustáquio, o pai de Julio, que entrou no quarto, defendendo a honra e o sigilo dos documentos da família.

Ao perceber a entrada de Eustáquio no quarto, J. Rui procurou acalmar-se. Como um ator, mudou radicalmente as feições. Agora, parecia um policial calmo e cordato.

– Como é que o senhor caiu nesse truque, seu Eustáquio? – Jota também mudou o tom de voz, agora mais baixo. – Essa carta é falsa! Esse cabeludo deve estar se utilizando de expedientes para se infiltrar nessa casa, provavelmente com objetivos escusos.

– Que isso? O que está acontecendo? – A voz de Edna veio de trás de seu marido.

– Calma, dona Edna, esse marginal aqui trouxe notícias falsas pra senhora, mas pode deixar que nós vamos dar um trato nele.

– Como é que vocês entraram aqui?

– Assim que nós descobrimos os planos desse marginal, nós viemos correndo para cá. O Sílvio abriu a porta pra gente.

– Ai meu Deus! Eu pensei que o pesadelo tinha acabado! – Edna abriu a torneira em seus olhos e caiu em prantos, como vinha fazendo desde o sumiço de seu filho. Eustáquio procurava consolá-la.

– Ô, Sílvio, faz um favor pra gente – J. Rui pediu –, tira os seus pais daqui, enquanto a gente resolve isso aqui.

Sílvio escoltou seus pais até o quarto do casal.

O barulho da porta do quarto fechando foi a senha para a mudança total dos ânimos no quarto de Julio.

– O Julio tá onde, ô marginal? – Barriga perguntou fazendo de um soco o ponto de interrogação.

– Não sei. – Nem bem Mário Filósofo acabou de falar e já levou mais uma porrada de J. Rui que o fez cair estatelado no chão.

– Vamos levar esse cara daqui! – gritou Jota Rui, mas Barriga parecia querer resolver tudo ali mesmo naquele apartamento.

– Fala, ô maconheiro!

– Eu não sou maconheiro... – tentou se defender Filósofo.

– Todo cabeludo pra mim é maconheiro! – explicou Barriga e acrescentou uma pergunta: – Tu vai ou não dizer onde o seu amigo está, hein, ô maconheiro?

– Eu diria se eu soubesse...

Tomou mais uma porrada. Mário Filósofo tentou explicar que estava com Julio em Bagagem, mas que Julio foi pra São Paulo e ele não sabia o endereço do lugar onde Julio estava em São Paulo. Tentou explicar que Julio provavelmente voltaria para o Rio.

– Voltar é o cacete! Ele não pode voltar! Tem que saber onde ele está em São Paulo. Tu não sabe o telefone de onde ele está?

– Não! Não sei nada...

– Mas tu é um mané mesmo, não sabe porra nenhuma! – Filósofo levou mais um safanão, uma porrada tão forte que fez acender uma luzinha no cérebro do cabeludo.

– Peraí! Talvez eu consiga o telefone. O Julio está na casa de uma menina e eu conheço uma amiga dela. A minha amiga está em São Paulo, mas talvez alguém lá na casa dela possa me dar o telefone da amiga.

– Não entendi porra nenhuma, que amiga de amiga é o caralho! – Barriga deu uma cotovelada em Mário, que caiu no chão. Levantou-o com um puxão.

– Liga pra ela!

– Peraí, mas são três da manhã!

– Vamos levar esse cara daqui, Barriga. Os pais podem ouvir! – Jota ponderava, mas Barriga não queria nem saber.

– Liga agora! Ou tu quer ficar apanhando até de manhã?

– Tá bom, tá bom.

Mário pegou o telefone e discou. A campainha do telefone tocou na casa de Solange, tocou várias vezes até que alguém atendeu.

– Atendeu! – Filósofo alegrou-se com a perspectiva de parar de apanhar, mas logo sua cara se fechou. – Droga! Secretária eletrônica!

– Droga! Secretária eletrônica! – Barriga repetiu a frase de Mário, juntando a ela uma tapona na cara.

*****

No quarto do casal, Sílvio tentava acalmar os pais que gritavam sem parar. Edna, nervosa, abriu de novo o registro das lágrimas que voltaram a jorrar.

– Eu não estou entendendo nada! É um pesadelo! – Edna berrava. – Afinal de contas, o menino é ou não amigo do Julio? É ou não é, Sílvio? Me responde!

– Não sei, mãe, acho que sim! – Sílvio tentava responder, enquanto o pai, agitado, bradava em seus ouvidos que algo tinha que ser feito.

– Precisamos fazer alguma coisa! Vou chamar a polícia!

– Mas, pai, aqueles dois caras lá no outro quarto já são da polícia. – Sílvio tentava explicar, atrapalhado pela mãe que puxava sua blusa, clamando por uma explicação, tentando entender de qualquer maneira o que estava acontecendo.

– O policial do nome errado disse que o menino tá mentindo, Sílvio! O menino é mentiroso? Ele está querendo nos enganar? Quem é aquele gordo horrível? O Julinho tá bem ou não está? – Edna não parava de fazer perguntas.

– Sílvio, nós temos que fazer alguma coisa! – Eustáquio estava decidido a sair do quarto. – Eu vou lá acabar com essa bagunça! Vou lá agora mesmo!

Sílvio tentava barrar a saída do pai com o corpo, tentando impedi-lo de qualquer maneira de voltar ao quarto onde estavam os policiais, enquanto continuava tentando responder às perguntas da mãe. Então, a campainha da casa tocou e todos pararam, congelaram na posição em que estavam. Foi como se alguém tivesse gritado "estátua". Sílvio foi o primeiro a quebrar a brincadeira, voltando a se mexer.

– Fiquem aqui, eu vou ver quem é – pediu, implorou aos pais. – Fiquem aqui, por favor! Por favor! – Sílvio saiu do quarto fechando a porta.

*****

– Campainha? Porra, quem é o mal-educado que toca na casa dos outros às três da manhã? – Barriga gritou.

– Vou lá ver quem é. – J. Rui saiu do quarto com a arma empunhada. Ao chegar à sala viu Sílvio olhando pelo olho mágico.

– Quem é? – Jota perguntou.

– É o porteiro.

– Que que esse babaca quer?

– Sei lá!

– Atende, Sílvio, e despacha o mané. – Jota deu a ordem.

Sílvio abriu apenas uma frestinha da porta.

– O que foi, Severino?

– É que tá todo mundo reclamando do barulho.

– Que barulho?

– Não sei. Tá todo mundo dizendo que tá muito barulho, que não é pra tê barulho até essa hora...

– Tá, a gente vai...

Sílvio não conseguiu completar a frase, levou uma porrada na testa e caiu no chão. Foi a porta que bateu com força em sua testa, empurrada com força por Tião Demônio, que chegou como um foguete e já entrou vociferando:

– O que que vocês tão fazendo aqui? Tem alguma coisa muito estranha acontecendo aqui! Eu não quero nem saber, quero minha parada de volta.

Os policiais se assustaram com a brusca chegada do bandido.

– Calma, Tião, tá tudo bem! Nós tamos aqui resolvendo o problema. Tá tudo em cima, a sociedade tá em cima, tá tudo beleza! – Era Barriga tentando acalmar Tião com argumentos que não tinha.

– Tudo em cima porra nenhuma! A parada acabou. Tô sabendo de tudo! O tal do Julio tá na área. Acabou tudo! – Tião não queria conversa.

– Quem te falou que o Julio tá na área? Quem é que te bateu essa cascata? – Barriga ainda tentava dominar a situação.

– Cascata é o cacete! É verdade! A Madá me bateu tudo! Tô sabendo da parada tim-tim por tim-tim.

– A Madalena? Mas ela tava em casa, como é que ela te falou alguma coisa? – J. Rui esforçava-se para entender. – Eu falei com ela hoje à noite. Isso não faz nem duas horas...

– Pois é, ela passou no meu cafofo e cantou tudo, mandou a letra da música todinha! Eu vim pegar a minha parada! O moleque tá vivo e vai voltar. Acabou tudo. Quero a minha parada de volta!

– Não tem porra nenhuma! – Barriga desistiu dos seus argumentos. – Não tem merda de parada nenhuma!

– A Madá... ela te contou. – J. Rui, ainda atônito com a notícia, não estava entendendo direito uma parte da história. – Ela foi no seu cafofo?

– Cala a boca, J. Rui! Deixa a Madalena pra lá! – Barriga tentou trazer J. Rui pra realidade.

– Quero minha parada de volta! – Tião gritou.

– Não tem porra nenhuma de volta! – Barriga respondeu no mesmo tom.

– Quero minha parada de volta! – aumentou o volume Tião.

– Não tem porra nenhuma de volta!

Barriga reforçou sua argumentação sacando uma pistola e apontando pra Tião, que não titubeou, pulou agilmente para um canto da sala e também sacou uma arma. Então, numa coreografia bem ensaiada, todos pularam para trás de algum móvel tentando se proteger do tiroteio iminente, como se sofás e modulados pudessem protegê-los de uma saraivada de balas. Mas ninguém atirou. Todas as armas existentes na sala estavam empunhadas, mas ninguém se atrevia a ser o primeiro a atirar. Foi Barriga quem gritou, começando o tiroteio apenas com palavras.

– Não tem porra nenhuma de volta!

– Quero minha parada de volta! – Tião Demônio revidou.

– Não tem porra nenhuma de volta! – J. Rui também entrou no tiroteio de palavras.

– Quero minha parada de volta!

– Não tem porra nenhuma!

Armas de repetição. Tudo muito repetitivo.

*****

Quando Severino viu Tião Demônio enfiar o pé na porta do apartamento e entrar gritando, quase se mijou nas calças. Mas, antes de se molhar todo, conseguiu reagir: saiu correndo como um desesperado pelas escadas. Desceu sem pensar até o térreo e correu em direção à portaria. Pensou em chamar a polícia, mas foi ele mesmo que tinha deixado J. Rui entrar no prédio e sabia que o policial tinha ido para o 302. Severino desconfiava que o outro sujeito que havia entrado esbaforido no prédio uma hora antes, o gordo, também era policial. Então a polícia já estava na área. Mas e o bandido que havia apontado a arma para a sua cara e lhe rendido, será que ele estava enfrentando a polícia? Vixe! Que fuzuê! Severino não estava entendendo nada e sabia que era melhor para ele e para a sua saúde continuar não entendendo. Deu graças a Deus por estar vivo. Subiu as escadas correndo novamente, mas desta vez foi para o seu apartamento mínimo de porteiro, e lá se trancou. Por via das dúvidas, se escondeu debaixo de sua cama, de onde não sairia por nada nesse mundo.

*****

No quarto do casal, Edna abriu uma fresta na porta para tentar ver quem havia chegado aquela hora.

– Meu Deus! É o Tião!

– Que Tião, Edna? – Eustáquio perguntou.

– O Tião Demônio, o moço que me deu as sacolas...

– Sacolas? – Eustáquio não conseguia juntar as informações.

– As sacolas com a cocaína, Eustáquio.

– Então você tá falando do traficante? – Eustáquio enfureceu-se. – Você tá dizendo que tem um traficante aqui em casa?

– É, parece que ele veio pegar a parada dele de volta.

Eustáquio apopléctico começou a discursar:

– Eu não sei que negócio de parada ele veio pegar. Eu não quero saber! Primeiro, dois policiais invadem a minha casa, agora, um traficante! A minha casa não é lugar para ser frequentado por traficantes! Eu não vou admitir isso! Eu vou lá dar um fim nisso!

Edna não precisou se esforçar muito para impedir o marido de sair do quarto, bastaram algumas palavras:

– Eustáquio, eles estão armados!

*****

Na sala, Tião apontava seu revólver ora para J. Rui ora para Barriga, justamente as duas outras pessoas armadas na sala. Os argumentos de parte a parte já estavam se esgotando, a munição verbal já chegando ao fim, só restavam as balas para revolver a questão. A não ser que uma força internacional de paz tentasse intermediar um tratado de desarmamento.

Sílvio olhou em volta e percebeu que a missão da ONU só podia ser comandada por ele. Era o único com o mínimo de credibilidade para tentar algo. Levantou-se e, com as mãos para cima, pulou para o centro da sala.

– Calma, gente, calma! Vamos baixar a bola!

– Quero minha parada de volta!

– Não tem porra nenhuma de volta!

Sílvio resolveu fazer o seu discurso mesmo com as armas ainda engatilhadas na sala.

– Galera, se começar um tiroteio aqui não vai sobrar ninguém pra contar essa história. Baixem essas armas, por favor. Vamos conversar como gente civilizada...

– Sou bandido, mas sou civilizado, ô mauricinho! – Tião apontou a arma pra Sílvio. Agora, apontava para os três em sequência, apontava para Barriga, em seguida para J. Rui, então para Sílvio e de volta para Barriga, em um ritmo acelerado que não permitia a nenhum deles ficar mais de dois segundos sem estar na sua mira.

– Porra, J. Rui – Sílvio continuou tentando negociar –, você é um cara sensato. Baixa a arma, pô! Vamos trocar uma ideia como gente de alto nível.

– Desde quando esse marginal é de alto nível! Alto nível é o caralho! Sou polícia, não converso com bandido!

– Mas você não estava conversando com o Tião antes do cabeludo aparecer na área? – Sílvio mostrou pleno domínio da lógica e nenhum de relação polícia-bandido.

– Eu não tava tratando porra nenhuma com esse marginal, ô mauricinho! – J. Rui apontou a arma pro rei da lógica. – Cala a boca que a parada aqui é entre bandido e polícia.

– É isso mesmo, ô mauricinho, sai fora que a parada aqui é entre a gente! – Tião gritou de seu canto.

Finalmente os inimigos concordaram com alguma coisa, mas não chegava a ser um grande avanço nas negociações. A missão de paz de Sílvio não estava se saindo muito bem, mas não se desempenhava muito pior do que as missões verdadeiras nos últimos conflitos internacionais.

Os palavrões gritados de parte a parte indicavam um crescimento do ódio no ambiente. Os dedos nos gatilhos alcançavam o limite máximo antes de atingirem a força necessária para atirar, dando início a um tiroteio que certamente não deixaria apenas a mobília completamente destroçada.

Tião começou a ficar cansado. Sua tática de apontar a arma para os três quase ao mesmo tempo se mostrou desgastante, não dava para manter aquela movimentação por muito mais tempo. Resolveu então mudar sua estratégia. Respirou fundo, contou até três e deu dois tiros, um na direção de J. Rui e outro na de Barriga. Sem esperar para ver o resultado de seu ataque, Tião partiu como uma terceira bala em direção à porta do apartamento, sumindo pelo corredor. Desceu as escadas rapidamente sem saber que com o primeiro tiro acertara de raspão o braço de J. Rui e com o outro destroçara o braço da poltrona onde Barriga se abrigava, sem acertar no alvo. Barriga, mesmo com seu peso avantajado, teve reflexo para sair no encalço do Tião. Saiu pelo corredor, desceu resfolegando a escada numa velocidade que ele mesmo não conhecia e conseguiu chegar até a garagem onde ainda viu Tião saindo para a rua. Então, a sorte sorriu para Barriga, fazendo com que um carro entrasse na garagem no justo instante em que Tião estava saindo. Apertado pelas paredes da entrada da garagem, Tião foi obrigado a retroceder. Apontou a arma para o motorista, que, assustado, só conseguiu frear o carro, prendendo Tião definitivamente na garagem. O bandido teve que voltar para a garagem, onde só teve tempo de se abrigar atrás de um carro para não levar um tirambaço do revólver de Barriga, que mesmo vermelho e bufando pelo esforço empreendido, conseguiu atirar na direção do bandido. O tiroteio começou na garagem.

Escondidos atrás dos carros, um atirava para onde suspeitava que o outro se encontrava. As balas acertavam os carros, furando as carrocerias, estilhaçando os vidros e detonando os orçamentos de seus proprietários.

Após cada série de tiros, sucedia um silêncio que logo era quebrado por mais tiros. Cada tiro de um lado, tinha uma resposta imediata do outro, como se não atirar de volta fizesse o participante do tiroteio perder pontos. Então dois fatos mudaram o rumo da batalha. Primeiro, um tiro dado por Barriga acertou a perna de Tião, fazendo com que ele se contorcesse de dor e parasse de atirar, largando a arma a 3 metros de distância.

Quando Barriga se aproximava de Tião, agora em franca desvantagem, para encerrar de vez o confronto, aconteceu o segundo fato: ele ouviu um grito.

– Tião! Tião! Tião! – Era Madalena, que entrava na garagem.

Surpreso, Barriga estacou e ficou olhando para Madalena sem entender o seu desespero. Acompanhou o percurso da moça até o marginal e a viu abraçá-lo. Achou que o marginal retribuiu o abraço. Estranhando tudo, Barriga viu então Madalena colocar o seu corpo na frente do corpo franzino de Tião de maneira a protegê-lo.

– Não mata o meu Tião! Não mata o meu Tião! – Madalena gritou.

– Cumé que é? – Barriga achou que não tinha escutado direito.

– É isso mesmo! O Tião é meu homem, e pra matar ele tem que me matar primeiro! – Madalena estava falando sério.

– Tu é mesmo uma vagaba, hein, ô Madalena! Tu dava pra mim nas costas do J. Rui, e agora tá dando pro bandido nas costas de nós dois!

– Pra vocês eu dava! Mas com o Tião é diferente. O Tião é o meu homem! Eu amo o Tião! – Madalena protegia Tião de corpo e alma.

– E desde quando vagabunda ama alguém! – Barriga estava cada vez mais irritado.

– Antes de matar o meu Tião, tem que me matar!

– Tu vai morrer mesmo, que piranha que nem você tem mais é que morrer! O J. Rui é mesmo um bundão, dar trela pruma cachorra que nem você!

– Pode achar o que quiser de mim, mas eu amo o Tião e ninguém mata o meu homem!

– É tudo filho da puta!

O grito veio da escada. Era J. Rui, que descia com o braço ferido. Andava cambaleante pela garagem, aproximando-se de Tião e Madalena. Quando chegou a 3 metros de distância dos dois, sacou uma pistola e detonou dois cartuchos. Tião e Madalena desabaram fulminados pelos tiros de Jota. Morreram abraçados.

– Valeu, J.! – falou Barriga. – Eu mesmo podia acabar com os dois, mas de qualquer maneira valeu mesmo! Quem diria, hein, a Madá, que filha da puta, dando pro marginal...

J. Rui não abriu a boca. Dirigiu-se até os corpos que jaziam no chão, agachou-se e pegou o revólver de Tião. Levantou-se vagarosamente, virou-se na direção de Barriga, apontou o revólver de Tião para a testa do gordo policial e apertou o gatilho.

15

Julio voltou para casa na terça-feira. O reencontro com os pais foi obviamente bastante festivo, com muitos abraços, beijos, e choros tanto da mãe, o que já era esperado, quanto do pai, que não aguentou e se desmanchou em lágrimas, disputando um campeonato de esguicho lacrimal com a mãe.

Julio falava sem parar, não cansava de contar cada detalhe de suas aventuras. Explicou que foi para São Paulo, que tinha sido uma tremenda roubada, mas que na volta conheceu Mário Filósofo no ônibus, e finalmente foi parar em Bagagem, um lugar lindo, onde conheceu uma menina paulista, por quem se apaixonou..

– Aliás, vocês não conheceram o Mário Filósofo?

Os pais se olharam, tentando decidir quem responderia à pergunta. Edna resolveu tomar a frente. Respirou fundo, ganhando tempo, pensando em como abordar o assunto. Falar do hippie era a senha para contar tudo que aconteceu no apartamento nas últimas semanas.

– O Mário Filósofo, ele não veio aqui? Não entregou uma carta pra vocês? – Julio insistiu.

– Mário Filósofo? – Edna ainda titubeou antes de começar a responder. Mas Julio não esperou a resposta. Sua excitação por contar suas aventuras era muito grande.

– Aquele safado não deve nem ter se lembrado da minha carta. Filho da mãe! Vocês precisavam conhecer o Mário! O cara é maluco, mas muito gente boa!

Os pais, aliviados, continuaram assistindo ao tagarelar do filho. Ouviam calados, com lágrimas nos olhos, felizes por tê-lo de volta.

O reencontro de Julio com o irmão foi bem mais frio. Não houve abraços, beijos e muito menos choros. Um aperto de mãos marcou a cerimônia, que não durou mais do que três segundos.

– E aí, tudo bem? – disse Julio.

– Beleza! Tudo certo contigo? – respondeu Sílvio.

– Legal – Julio encerrou o assunto.

Só poucos observadores mais íntimos poderiam afirmar que aquele diálogo era a maior troca de palavras travada entre os dois irmãos nos últimos dois anos. Um reencontro que também era, à sua maneira, festivo e alegre.

Julio nunca soube o que aconteceu no apartamento enquanto esteve fora.

*****

Na mesma terça-feira, Zeca recebeu a visita de Jota Rui em seu apartamento. O policial entrou no apartamento de arma em punho, gritando bastante, sem economizar truculência.

– Se tu quer ficar vivo, fica calado! Essa parada agora é minha! Tá tudo confiscado! – Jota pegou toda a cocaína que restava no apartamento de Zeca. – E tu fala pro Sílvio que é pra me dar a parada que ficou lá no apê.

– Ih, aquela parada já era!

– Como já era?

– O velho jogou tudo no mar.

– No mar?

– É, foi hoje de manhã. O major pegou aquela parada toda, levou lá pra Grumari e jogou de cima da pedra. Os peixes devem tá doidões!

– Puta que pariu! Que velho escroto!

J. Rui foi embora irritadíssimo.

*****

José Maria Bardotti, carinhosamente conhecido por seus colegas policiais como Barriga, foi enterrado na manhã de terça-feira numa cerimônia a que compareceram centenas de policiais. O clima era de revolta, por mais um policial ter sido assassinado no cumprimento do dever, mais um membro da corporação morto enquanto enfrentava um marginal, vítima de um traficante sem eira nem beira, na guerra sem fronteiras travada diariamente na cidade do Rio de Janeiro.

Os policiais se revezavam nas entrevistas à imprensa, todos culpando a justiça, que não os permitia acabar de vez com esses marginais, deixando os bandidos soltos por aí, matando policiais ao seu bel-prazer, acabando inclusive por tirar a vida de um policial honrado e competente como Barriga. Desse jeito eles não sabiam aonde a coisa ia parar. Alguns mais revoltados chegaram a pedir a pena de morte para esses vagabundos.

O detetive J. Rui, que acompanhava o cortejo, era cumprimentado por todos, tratado quase como um herói. Explicava a quem quisesse a sua versão dos acontecimentos, logo tornada oficial sem muitas dúvidas ou questionamentos. J. Rui contava que foi chamado ao prédio para atender uma comunicação de tentativa de assalto ao prédio de Ipanema, mas quando lá chegou encontrou o detetive Barriga cercado na garagem pelo casal de bandidos. J. Rui ainda conseguiu alvejar os dois marginais, mas não teve tempo de evitar a última bala do revólver de Tião Demônio, assassino, traficante, sequestrador, bandido com mais de trinta anos de condenações, fugitivo da penitenciária de segurança máxima de Bangu III. Infelizmente o tiro do marginal atingiu em cheio a testa de Barriga.

Na hora em que o caixão com o corpo do detetive Barriga desceu à terra, um discurso emocionado foi pronunciado pelo delegado titular da delegacia onde Barriga trabalhava, seguido por uma salva de tiros de todos os policiais presentes à cerimônia, uma saraivada de balas de vários calibres, saudando pela última vez o bravo policial morto.

Os tiros dos policiais assustaram os motoristas que passavam pela porta do cemitério naquele momento. Um dos motoristas, mais estressado, perdeu a direção de seu carro, invadiu a calçada e arrebentou uma carrocinha de pipoca que fazia ponto na porta do cemitério. O pipoqueiro perdeu seu instrumento de trabalho e ficou sem sustento por um bom tempo, acabando por ter o seu estado de saúde prejudicado. Morreu um ano depois na fila de um hospital público, mais uma vítima inocente da guerra do tráfico no Rio de Janeiro.

*****

Tião Demônio foi enterrado no cemitério do Caju, na avenida Brasil, num tumultuado sepultamento em que a comunidade do morro onde ele nasceu e cresceu compareceu em peso para prestar as últimas homenagens ao ex-chefão do tráfico do morro. O clima era de revolta. Os moradores se revezavam nas declarações à imprensa, culpando o estado que nada fazia para diminuir a miséria do povo, alegando que Tião era mais uma vítima da negligência das autoridades, que era um homem bom, que ajudava a família, a mãe e os vizinhos, que não teria entrado para o tráfico se tivesse mais oportunidades, que o governo não dava condições ao povo de viver e que assim eles não sabiam onde a coisa ia parar.

Na hora em que o caixão baixou a terra, um líder comunitário mais exaltado fez um discurso emocionado, seguido por uma salva de tiros de metralhadoras, AR-15 e escopetas, armas que surgiram de repente trazidas por traficantes que compareceram disfarçados ao enterro de Tião.

Os tiros das armas potentes usadas pelos traficantes assustaram um bando de andorinhas que estava no cemitério. Os pássaros, desesperados, voaram para fugir do local, mas infelizmente, uma das assustadas andorinhas acabou atingida por uma das centenas de balas, tornando-se mais uma vítima inocente da guerra do tráfico.

*****

Madalena foi enterrada no cemitério de Ricardo de Albuquerque, bairro que tanto evitara. Ao seu enterro compareceram uma tia e uma prima, as únicas familiares que moravam no Rio de Janeiro. Os outros parentes moravam no interior do Ceará, e não tinham dinheiro para vir ao Rio de Janeiro prestar a última homenagem a Madalena. A imprensa não compareceu. Não houve salva de tiros. Ao final do sepultamento, um dos coveiros não resistiu e comentou:

– Meu irmão, esse é o melhor rabo que já enterraram nesse cemitério!

EDITORA OBJETIVA LTDA. Rua Cosme Velho, 103
Rio de Janeiro – RJ – CEP: 22241-090
Tel.: (21) 2199-7824 – Fax: (21) 2199-7825
www.objetiva.com.br

Capa
Barbara Estrada sobre foto de Julia Schmidt

Revisão
Edna da Silva Cavalcanti
Damião Nascimento
Umberto Pinto Figueiredo
Fatima Fadel

Editoração Eletrônica
Abreu's System Ltda.

PRISA EDIÇÕES

Todos os personagens deste livro são fictícios e não foram inspirados em pessoas reais.

S586j

Silva, Beto

Julio sumiu / Beto Silva. Rio de Janeiro : Objetiva, 2014

207 p. ISBN 978-85-7302-681-8

1. Literatura brasileira – Romance. I. Título

CDD B869.3

Este livro foi impresso na
LIS GRÁFICA E EDITORA LTDA.
Rua Felício Antônio Alves, 370 – Bonsucesso
CEP 07175-450 – Guarulhos – SP
Fone: (11) 3382-0777 – Fax: (11) 3382-0778
lisgrafica@lisgrafica.com.br – www.lisgrafica.com.br